SNEAKY

MATH

&

SCIENCE

PROJECTS

[美]赛·太蒙尼(Cy Tymony) 著

胡坦 李澜 詹文青 译

科学
本来很有趣

北京时代华文书局

图书在版编目（CIP）数据

科学本来很有趣 /（美）赛·太蒙尼（Cy Tymony）著；胡坦，李澜，詹文青译. -- 北京：北京时代华文书局，2019.2
ISBN 978-7-5699-2933-1

Ⅰ. ①科… Ⅱ. ①赛… ②胡… ③李… ④詹… Ⅲ. ①科学知识－普及读物 Ⅳ. ① Z228

中国版本图书馆 CIP 数据核字（2018）第 299782 号

北京市版权著作权合同登记号　字：01-2017-4189

SNEAKY MATH AND SCIENCE PROJECTS by Cy Tymony
Copyright © 2016 by Cy Tymony. This 2016 edition is a compilation of two previous published books by Cy Tymony: Sneaky Science Tricks © 2010 and Sneaky Math © 2014.
Simplified Chinese translation copyright © 2019
By bejing Time-Chinese Publishing House Co., Ltd.
Published by arrangement with the author through Sheree Bykofsky Associates, Inc.
With Bardon-Chinese Media Agency
Originally published by Andrews McMeel Publishing, Kansas City, Missouri Illustrations by Kevin Brimmer
All RIGHTS RESERVED

科 学 本 来 很 有 趣
Kexue Benlai Hen Youqu

著　　者｜[美]赛·太蒙尼
译　　者｜胡　坦　李　澜　詹文青

出 版 人｜王训海
责任编辑｜周　磊　邹　红
装帧设计｜程　慧　王艾迪
责任印制｜刘　银

出版发行｜北京时代华文书局 http://www.bjsdsj.com.cn
　　　　　北京市东城区安定门外大街 136 号皇城国际大厦 A 座 8 楼
　　　　　邮编：100011　电话：010-64267955　64267677

印　　刷｜三河市兴博印务有限公司　0316-5166530
　　　　　（如发现印装质量问题，请与印刷厂联系调换）

开　　本｜880mm×1230mm　1/32　印　张｜5　字　数｜132千字
版　　次｜2019年5月第1版　　　　印　次｜2019年5月第1次印刷
书　　号｜ISBN 978-7-5699-2933-1
定　　价｜36.00元

版权所有，侵权必究

前　言

　　奇妙的科学实验会使你第一次踏足科学领域的经历变成一项非凡的冒险。它会带领你洞察其项目背后的科学原理，为你展示更多的奇妙知识。

　　例如，在你制作了奇妙的飞镖之后，你就会知道它是如何运用伯努利原理来保持它在空中向前行进的。这一科学原理向我们解释了鸟类和飞机如何飞行、投球手怎样投掷出奇特的下坠球、汽车如何用尾翼提高稳定性，以及帆船如何利用风来航行等原理。当你向你的家人朋友展示用光交流、反重力玩具等技巧的时候，他们会因你这魔术般的操作而感到惊讶！

　　你会用到一些奇妙的绳线并用它们连接一些物品，也将会学习到如何不用剪刀而弄断大部分的绳索，学会做巧妙的重心平衡设计和奇妙的回旋器，并制作一个控制环。

　　了解一些鲜为人知的地理、历史和自然等方面的小知识，当你向他们展示这些知识的时候，会给你的家人和朋友留下一个好印象。他们会惊讶地发现角蜥蜴可以从它的眼睛里流血；竹子在一天中生长的速度有多快；埃菲尔铁塔的高度在一天中变化多少；美国最北、最南、最东的州是哪一个州；一枚硬币上能容纳多少滴水（超过三十滴！）。

　　当然所有的实验都经过了安全测试，而且很快就能完成。如果你对日常事物中蕴藏的奥秘有着无穷无尽的好奇心，那就再往下看。你可以从这里开始，开启你的聪明才智。

目录

前　言

第一章　奇妙的世界 ……………………………… **001**

伯努利原理的技巧 ………………………… 002

奇妙的直升机 ……………………………… 013

手动风扇 …………………………………… 015

奇妙的平衡技巧 …………………………… 017

奇妙的回旋玩具 …………………………… 024

奇妙的开关 ………………………………… 027

洗洁剂推动的鱼 …………………………… 029

在瓶盖上跳舞的硬币 ……………………… 031

黑白出彩色 ………………………………… 033

不用剪刀就可以拉断绳子 ………………… 035

纸袋 ………………………………………… 037

用光交流 …………………………………… 039

奇妙的滑翔机 ……………………………… 042

奇妙的振动机器人 ………………………………… 045
奇妙的振动船 …………………………………… 049
奇妙的变形金刚 ………………………………… 051

第二章　奇妙的测量实验 ………………………… **061**
奇妙的气压计 …………………………………… 062
奇妙的高度计 …………………………………… 065
奇妙的风速计 …………………………………… 068
奇妙的高度测量计 ……………………………… 071
奇妙的电压表 …………………………………… 075

第三章　奇妙的天文学和导航知识 ……………… **079**
奇妙的指南针 …………………………………… 080
奇妙的日晷 ……………………………………… 082
奇妙的四分仪 …………………………………… 087
奇妙的确定方向的技巧：手表 ………………… 091
奇妙的确定方向的技巧：星星 ………………… 092
奇妙的确定方向的技巧：枝条 ………………… 093

第四章　奇妙的魔术技巧 ………………………… **095**
平衡汽水罐 ……………………………………… 096
两本嵌入的书 …………………………………… 097
神奇的纸币运动 ………………………………… 099
静电技巧 ………………………………………… 101

会跳跃的青蛙折纸 104
利用盒式磁带创作的动画 106
重新变满的汽水罐 108
奇妙的平衡纸币技巧 110
奇妙的飘浮照片 112
双浮动照片展示 115
奇妙的魔杖 118
奇妙的意念力 120

第五章 奇妙的小知识 127
在硬币上滴水 128
埃菲尔铁塔的高度 129
人体测量 130
雕像 130
俄罗斯到美国的距离 131
阿拉斯加州 131
波音747的翼展 133
竹子 133
日本西瓜 134
寻血猎犬 134
蚊子 135
角蜥蜴 135
鲨鱼的胚胎 136
蜂鸟 137

飞蛾 ··· 138
　　鸟类的磁感 ··· 138

参考资料 ··· **139**
　　世界主要城市纬度表 ······························· 140
　　美国主要城市纬度表 ······························· 144

致谢 ··· **149**

第一章

奇妙的世界

你是否试图构想出一种不同的科学项目？你是否想赋予一些丢弃的玩具新的用途？本章提供了十几种科学实验小技巧，可以帮助你轻松地学习和演示这些奇妙的科学原理。实验所需的东西几乎都是日常用品，也很容易组合在一起。

在让飞镖和飞盘飞行时，你会发现其中蕴含的伯努利原理。将能量储存在橡皮筋中，可以让滚筒神奇地反向转动并滚回到你面前，甚至在上坡时也是如此。用磁铁可以开关灯泡、蜂鸣器，或者玩具。

你可以把黑白照片变成彩色的吗？或者是用光交流，或者不用剪刀就能弄断坚韧的绳子？相信你可以的。你也将学会如何让滑翔机在你面前滑翔，如何把麦片盒变成一个可移动机器人。

所有这些奇妙的科学技巧都在这里准备好了。那我们就开始学习吧！

伯努利原理的技巧

空气压力和机翼升力的趣味演示

你有没有想过飞机和直升机是如何升空飞行的?如果你感到好奇,并想证明这一原理,你只需要准备吸管、明信片和纸条等一些普通物品就可以了。

气压演示I

用一个普通的吸管就可以证明我们周围存在的空气压力(确切地说,每平方厘米重达1千克)。用你的日常用品可以很容易地证明这一点。

需要什么

▶ 吸管

▶ 盛满水的玻璃杯

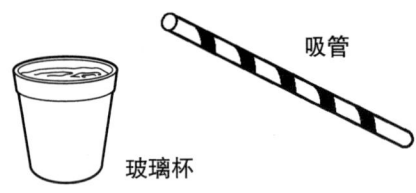

怎么做

把吸管插入水中,如图1-1所示。然后,把一根手指放在吸管的顶部,再把它从水里提出来,如图1-2所示。

你会看到会有水留在吸管里,不会流出。因为底部的空气压力使它保持在里面,如图1-3所示。

当你把手指从吸管的顶部移走时,空气压力会从顶部流出来,然后推动水流,把它压出来。

第一章 奇妙的世界

把吸管插入水中

图1-1

用手指按住吸管顶部并将其提出

图1-2

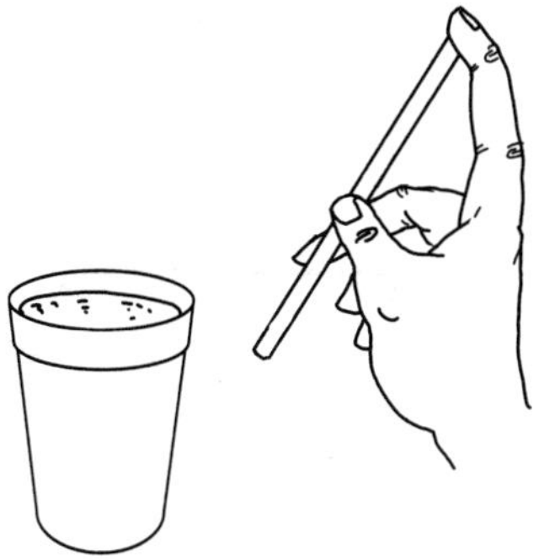

由于底部的空气压力,水留在吸管里

图1-3

空气压力演示 II

你可以用下面这个实验更生动地演示空气压力的作用,同样也只需要一些日常用品就可以了。

需要什么

- 盛满水的玻璃杯
- 塑料涂层的明信片

玻璃杯

明信片

003

怎么做

实验选在水槽附近进行,拿起一杯水,在玻璃杯口上放一张明信片,翻转玻璃杯,用手指将明信片紧紧按住,如图1-4所示。

小心地把你的手指从明信片上移开,你会看到明信片没有掉下来。由于玻璃杯中没有空气,而外面的空气压在明信片上,即使上面有水的重量,也能保持明信片的位置,如图1-5所示。

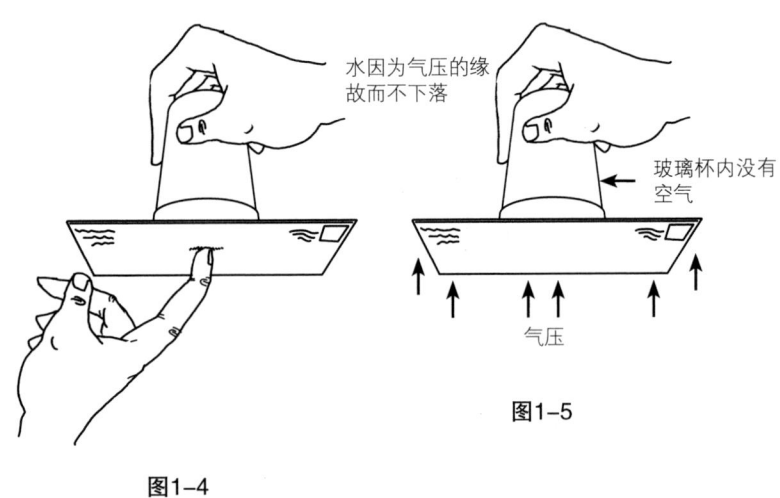

图1-4　　　　　　图1-5

空气压力演示Ⅲ

需要什么

▶ 纸(最好是纸巾)

▶ 剪刀

怎么做

如图1-6所示,将一张纸剪成10厘米长1厘米宽大小。把纸条放在你嘴上方的部位,然后吹气。纸条自然向上飘动。现在把纸条移到你的嘴唇下面,对着它吹气。如图1-7所示,纸条也会向上飘动!

这是因为伯努利原理,即空气流速大压力小,纸条下面空气压力大于上面的空气压力,所以纸条会向上飘动!

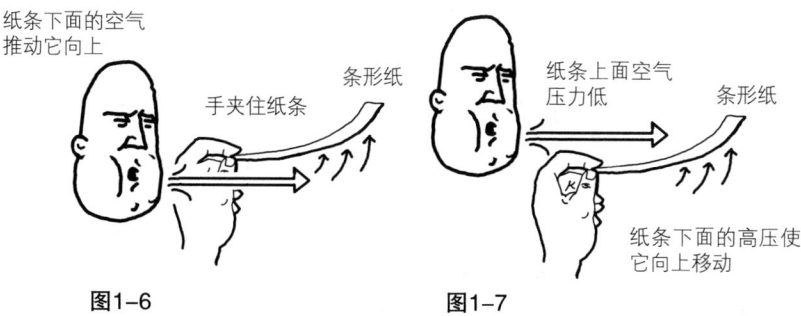

图1-6　　　　图1-7

图1-8展示了鸟翅膀、飞机机翼、飞盘和回旋镖的侧面图。注意机翼顶部向上弯曲,与底部相比表面较长。当飞机向前移动时,空气在机翼的上方和下方流动。沿着曲线顶端移动的空气比经过底部表面的空气流速更快,而流速大的空气气压小于流速小的空气气压,所以提供升力使飞机升空!

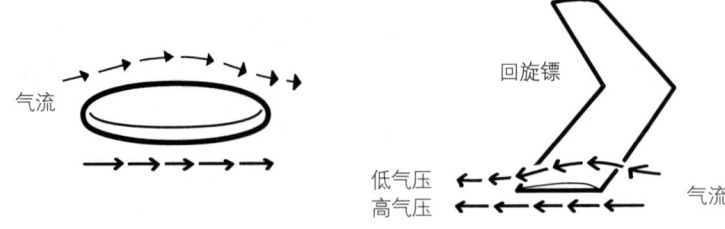

图1-8

棒球投手可以利用伯努利原理,以向前旋转的方式来投掷棒球。球在其下方产生一个较低的气压,使它到达棒球棍的时候会下降,产生一个弧线球,如图1-9所示。

帆船运用了伯努利原理,不管风向如何,都可以推动船往任意方向行驶。图1-10显示了如何改变帆的形状曲线以产生类似于飞机机翼的效果。风以较快的速度吹来,在弯曲一侧流速快气压小,另一侧则气压大。船体上的龙骨(或插板)的作用是防止船体横向移动,同时也可用来利用风力推动船体前进,如图1-11所示。

汽车车身与飞机机翼相似,它们的底部都是平的,顶部是弯曲的。它们在高速下可能会失去稳定性,因为它们倾向于从较高的空气压力中获得升力,如图1-12所示。为了降低伯努利效应,汽车制造商改进了车身设计,如降低车身高度,增加特殊的前保险杠和挡泥板轮廓,安装尾翼等,如图1-13所示。

第一章 奇妙的世界

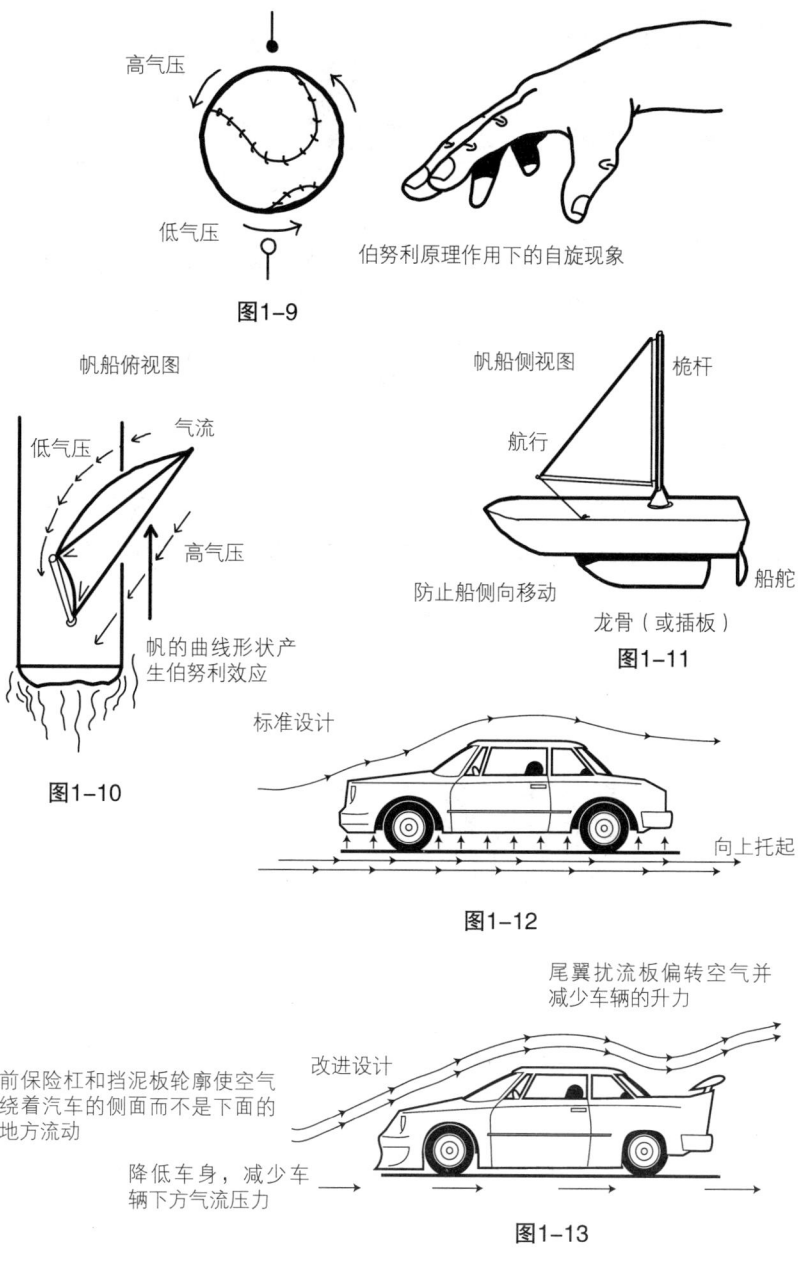

空气压力演示 IV

需要准备的东西：

- ▶ 剪刀
- ▶ 纸（最好是纸巾）
- ▶ 两个空汽水罐
- ▶ 杂志

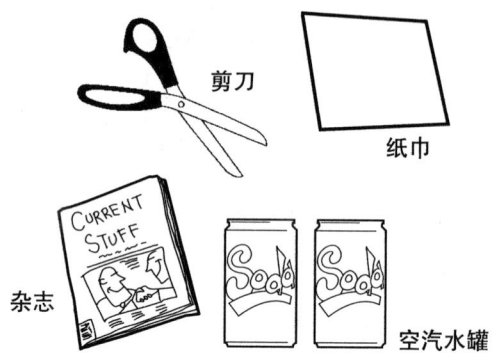

怎么做

将纸张剪成两条10厘米长1厘米宽的纸条，并将其分开放置，距离约5厘米，如图1-14所示。在纸条之间吹气，观察发生了什么。你可能认为这些纸条会分开，但实际上它们会接近，如图1-15所示。

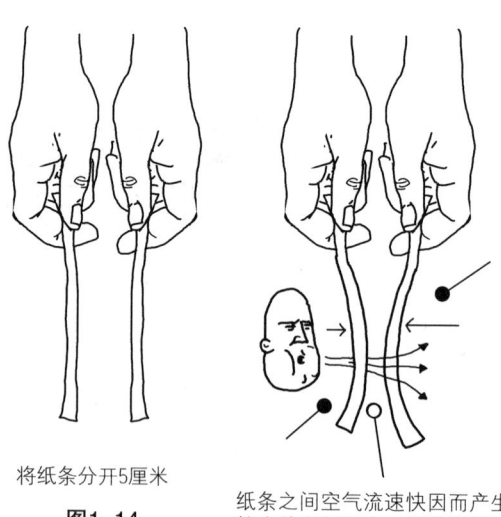

将纸条分开5厘米

图1-14

纸条之间空气流速快因而产生较小的空气压力，导致它们被挤压后向中间移动

图1-15

伯努利的原理在这里产生，是因为在纸条之间传播得更快的空气产生的空气压力比纸的外侧的空气压力小。外侧更高的压力推动了纸条向里运动。

现在，把两个空汽水罐放在一本光滑的杂志表面间隔2.5厘米的地方。当你向罐间吹气的时候，它们会向中间移动并碰撞发出声响，如图1-16所示。

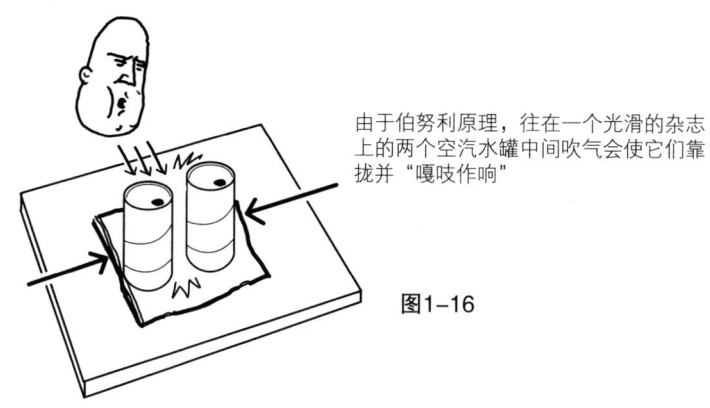

由于伯努利原理，往在一个光滑的杂志上的两个空汽水罐中间吹气会使它们靠拢并"嘎吱作响"

图1-16

气压演示v

这里还有一个简单的小实验，它会产生一个令你意想不到的结果。

需要准备的东西：

▶ 剪刀

▶ 纸张

怎么做

把这张纸切成14厘米×6厘米的形状。将纸张纵向对折,如图1-17所示。

接下来,展开纸张,把它放在一个平面上,使它中心折痕处有一个轻微的凸起,如图1-18所示。

然后,将你的脸靠近桌子的表面并向纸底下吹气,如图1-19所示。

你可能认为纸张会上升,但实际上纸张会下降至贴近桌面。因为纸张上方的空气压力高于下方的空气压力,如图1-20所示。

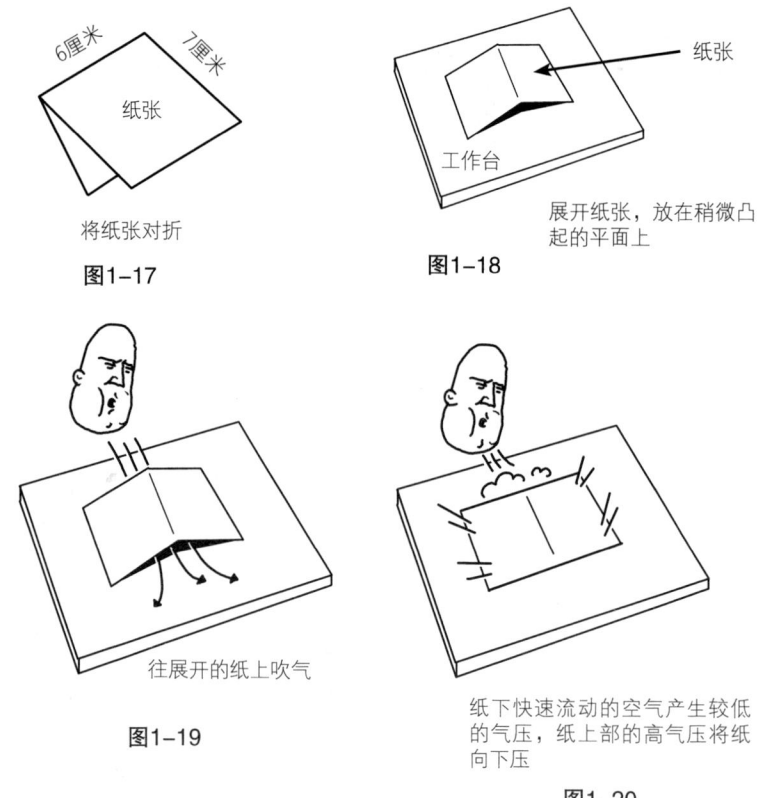

将纸张对折

图1-17

展开纸张,放在稍微凸起的平面上

图1-18

往展开的纸上吹气

图1-19

纸下快速流动的空气产生较低的气压,纸上部的高气压将纸向下压

图1-20

空气压力演示VI

你可以用伯努利原理来展示一个奇妙的魔术,在不接触球的情况下,让球从一个杯子里升起,然后跳到另一个杯子里。

需要准备的东西
▶ 乒乓球
▶ 两个小杯子

怎么做

这个实验使用的杯子直径需要比乒乓球直径偏小一点,这样球上方快速移动的空气不会影响球下的气压。

把球放在第一个杯子里,把它放在离第二个杯子大约5厘米的地方,如图1-21所示。在第一个杯子上方用力地吹,球就会开始上升,如图1-22所示。

你吹的气会把乒乓球吸到空中并落到空的杯子里,如图1-23所示。只要练习一下,这个魔术每次都能奏效。

把乒乓球放在第一个杯子里

图1-21

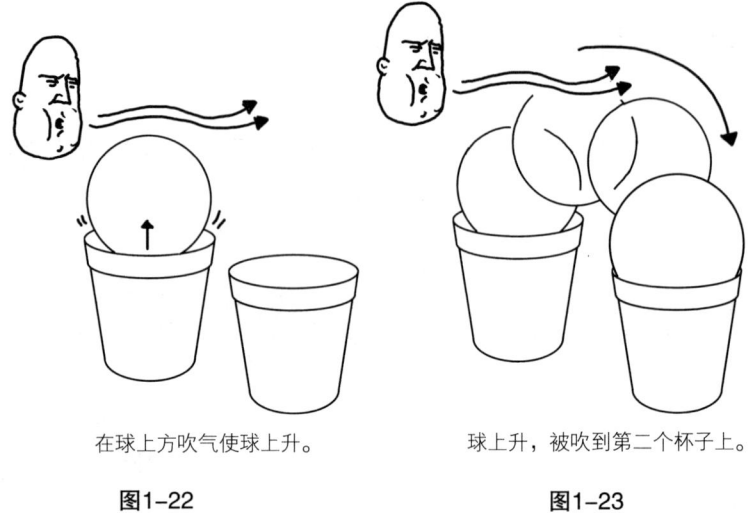

在球上方吹气使球上升。　　　　　球上升,被吹到第二个杯子上。

图1-22　　　　　　　　　　　图1-23

奇妙的直升机

与飞机或滑翔机不同，直升机使用一组旋转的机翼来产生升力，并且可以在没有发动机动力的情况下安全地降落到地面。你只需要准备一张纸做一个简单的玩具就可以演示这一点。

需要什么
- ▶ 纸张
- ▶ 尺子
- ▶ 剪刀

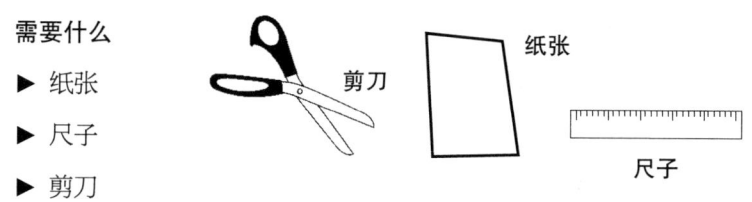

怎么做

将一张纸切成5厘米×25厘米的矩形纸条。在距离纸条边缘5厘米的两端剪出狭缝，如图1-24所示。

将纸条对折，然后将狭缝滑动到一起固定好。接下来，将狭缝上方的纸条顶部向后弯曲做成直升机的螺旋桨，如图1-25所示。

现在你可以直接将这个奇妙的直升机抛到空中，它会慢慢地向下旋转，因为螺旋桨在旋转时会慢下来，如图1-26所示。通过向后推动它们或者倾斜它们进行多次实验以实现各种向下的飞行姿势。

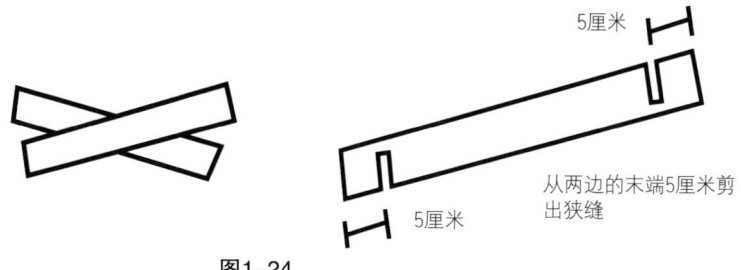

图1-24

将纸条弯曲成一个圈并将狭缝滑到一起固定住

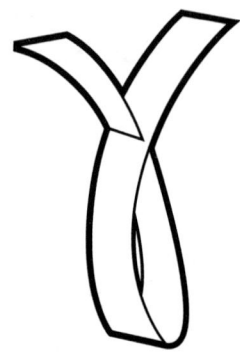

图1-25

让直升机从高高的地方降落到地面,观看"自动旋转"下降过程

图1-26

手动风扇

你可能知道热空气会上升这一物理现象，上升的热空气可以用来移动物体，所以你可以制作一个新的"手动"马达来验证这一现象。在这一实验中，你的手会持续供热并且展示气流是如何移动物体的。

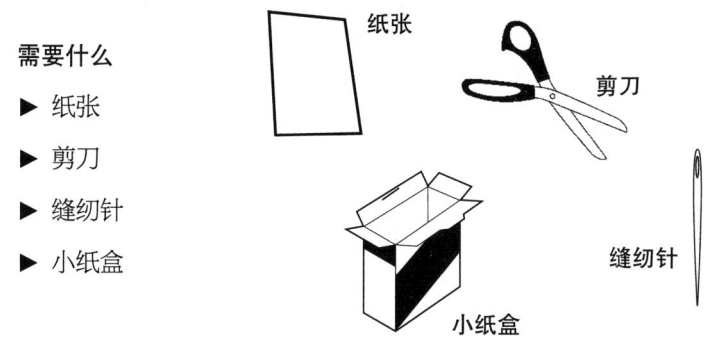

需要什么
- ▶ 纸张
- ▶ 剪刀
- ▶ 缝纫针
- ▶ 小纸盒

怎么做

将一张纸剪成5厘米长的正方形，沿对角对折，展开后再沿另一对角对折，此时纸张中心会有一个交叉的折痕，如图1-27所示。

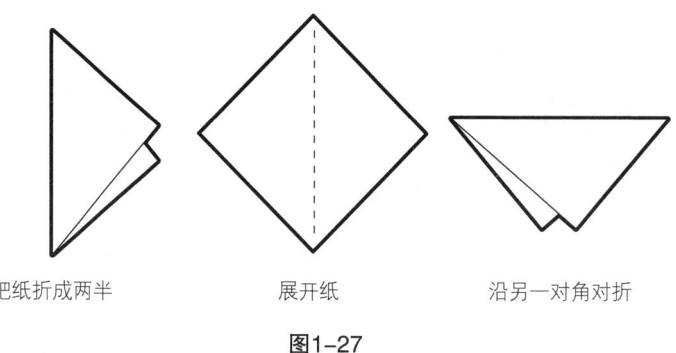

把纸折成两半　　　展开纸　　　沿另一对角对折

图1-27

你可以使用纸盒或类似的小盒子作为针座。用手指握住针的一侧，小心地将其插进盒子的顶部（或使用顶针），直到它在顶部刺出一个孔。将纸片放在针的顶部，使纸片能绕针尖自由旋转，如图1-28所示。

为了让奇妙的"马达"转动，来回搓手约二十次以产生热量并将手放在纸张的两侧。几秒钟后，纸张将开始旋转，如图1-29所示。

纸张旋转是因为手上的热量导致纸张周围空气温度升高。随着热空气升高，冷空气占据了热空气原来的位置，空气流动推动纸片像马达一样旋转。

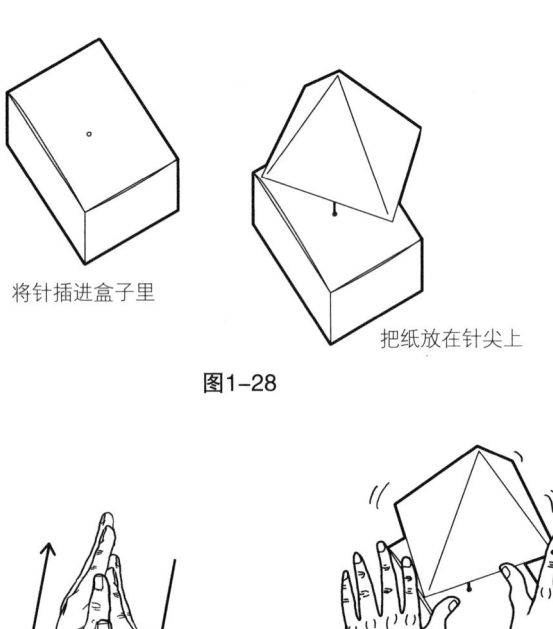

将针插进盒子里

把纸放在针尖上

图1-28

来回搓双手

把手放在纸上使它旋转

图1-29

奇妙的平衡技巧

当你知道重心的秘诀时,你可以用一些奇妙的方式来平衡日常事物。重心是质量处于平衡状态的物体中的一个点。这一点的位置取决于物体的形状和重量分布,我们可以利用这些知识做一些有趣的实验。

以下四个实验很容易完成,实验所需的材料几乎随处可见。

奇妙的平衡器 I

知道如何降低物体的重心,可以让你制作出看似不受重力影响的图案(或者让你看起来像一个神奇的魔术师)。该实验演示了当两张相似的纸片人的重心位于不同位置时会发生的情况。

需要什么
- 剪刀
- 纸板
- 缝纫线(可选)

怎么做

从纸板上剪下如图1-30所示的图案。接下来，尝试平衡指尖上的图案头部，如图1-31所示。在不翻倒的情况下保持直立几乎是不可能的。

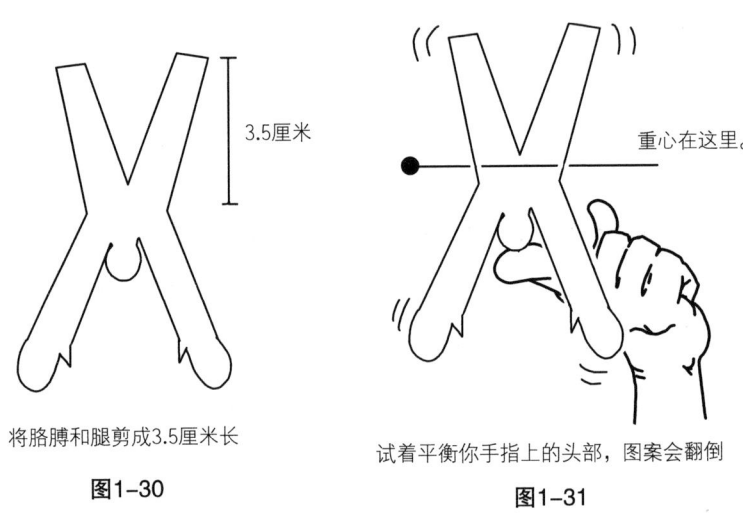

将胳膊和腿剪成3.5厘米长

图1-30

试着平衡你手指上的头部，图案会翻倒

图1-31

接下来，裁剪出如图1-32所示的图案。与图1-30相比唯一的区别是纸片人的手长得多。试着平衡你手上的这个大点的人物。现在很容易，因为重心在你的手指下面，如图1-33所示。即使你在房间里走动，这个图案也不会倒。

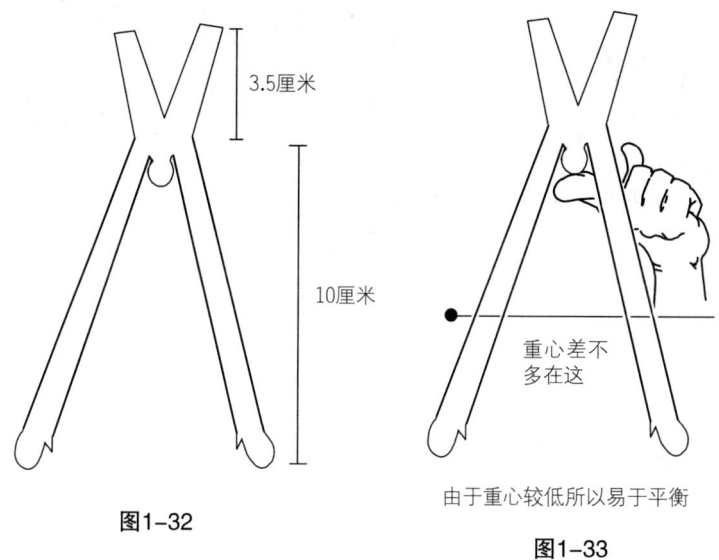

图1-32

图1-33

进一步学习

杂技演员使用这一原理来保持平衡。为了演示这个原理,在纸片人的头部切一个小缝,如图1-34所示。

然后,将一段缝纫线从椅子连接到高度较低的物体上,比如另一个椅子或桌子等,然后在线上放置纸片人。纸片人头部的小狭缝套在线上,轻轻一推,纸片人会顺着线滑下但不会掉落,如图1-35所示。

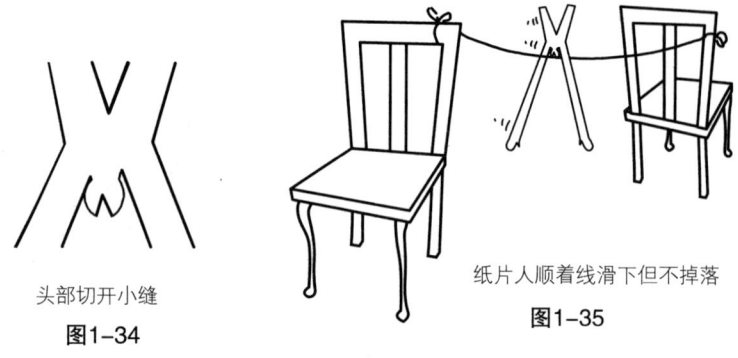

头部切开小缝
图1-34

纸片人顺着线滑下但不掉落
图1-35

奇妙的平衡器 II

这个奇妙的平衡器可以水平放置在回形针的尖端,肯定会让旁观者大吃一惊。

需要什么

▶ 剪刀
▶ 纸板
▶ 回形针

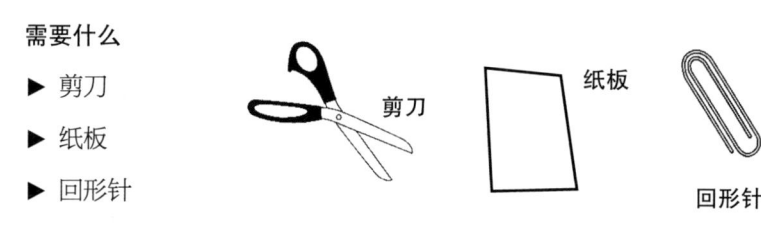

怎么做

从纸板上剪下如图1-36所示的人物纸片,一定要包括中间一簇尖尖的头发。尽量按照图中所示的尺寸大小剪裁,但如果需要,在保持手臂和身体长度的比例前提下,也可以适当放大或缩小纸片。

将手臂弯曲至肩部和肘部,如图1-37所示。

第一章 奇妙的世界

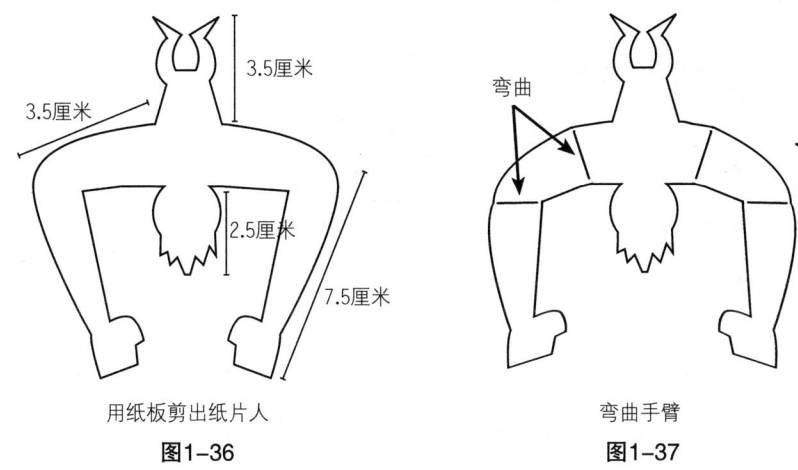

用纸板剪出纸片人
图1-36

弯曲手臂
图1-37

下一步，弯曲回形针，如图1-38所示，做成一端垂直向上的样子。

最后，将人物纸片的头发尖放在回形针的尖端上。如有必要，请将人物纸片的手臂向下弯曲，以免人物纸片掉落。最终，图案会平衡在回形针的尖端。你可以轻轻地将它的腿向右或向左推，它仍将保持在高处，如图1-39所示。

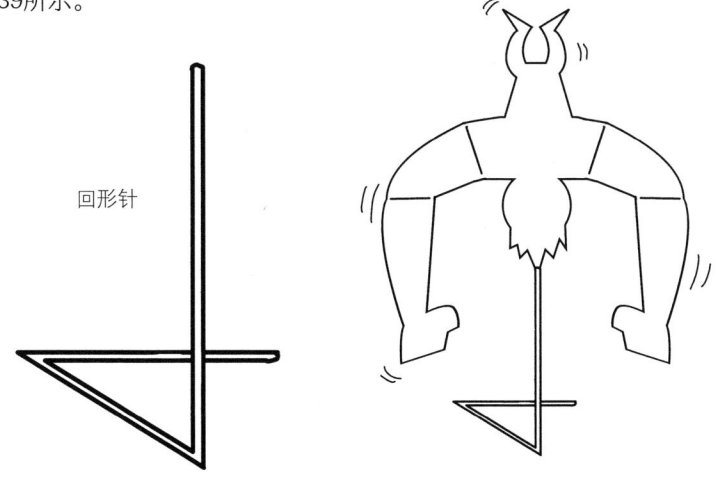

将回形针弯曲成支架形状
图1-38

轻轻地将纸片人头部放在回形针的尖端，它会神奇地保持平衡
图1-39

奇妙的平衡器Ⅲ

需要什么

▶ 剪刀
▶ 纸板

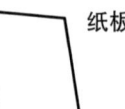

怎么做

在纸板上画出如图1-40所示的形状,并按照图上所示的尺寸进行剪裁。

你可以轻松地在手指、肘部或鼻子上保持图案的平衡,因为它的重心位于大的圆形区域,如图1-41所示。

你可以创建类似形状的纸板,并使用回形针或用胶带固定的硬币,在图案底部的区域增加重量,以便轻松平衡。

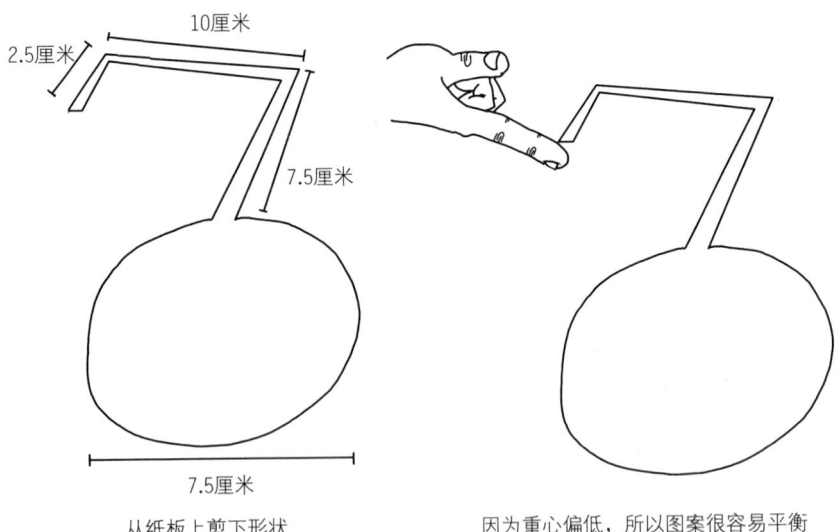

从纸板上剪下形状

图1-40

因为重心偏低,所以图案很容易平衡

图1-41

奇妙的平衡器 IV

需要什么

- ▶ 一枚硬币
- ▶ 两个金属叉
- ▶ 水杯

怎么做

将硬币放在两个叉子的尖齿之间,如图1-42所示。

如果使用重量轻的杯子,则必须加适量的水,以免杯子翻倒。如果使用重量重的杯子或玻璃罐,则不需要加水。

小心地将硬币放在杯子的边缘上。你可以放手,叉子会保持平衡不使硬币掉下去。如果掉下去了,请调整叉子的角度,直到它们平衡,如图1-43所示。

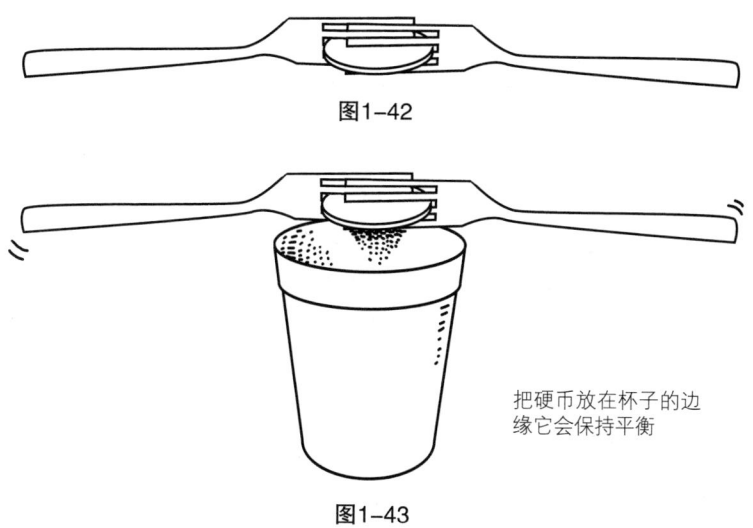

图1-42

把硬币放在杯子的边缘它会保持平衡

图1-43

奇妙的回旋玩具

如果你好奇混合动力汽车为何会拥有那惊人的速度,该实验将为你揭示其中蕴含的奥妙。我们将通过一个简易的回旋玩具来论证混合动力汽车储存能量以降低能耗的原理。

需要什么

- 带塑料盖的容器
- 额外的塑料盖
- 厚橡皮筋
- 两个回形针
- 螺母
- 剪刀

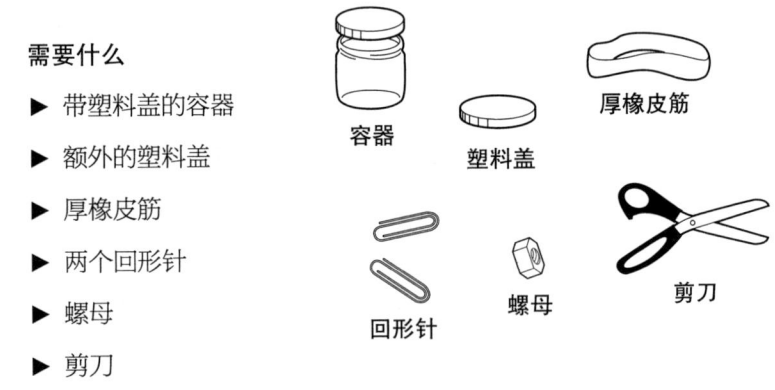

怎么做

首先,拿一个小的塑料容器,去掉容器的底部,并取下塑料盖。在两个塑料盖的中心剪开孔隙,如图1-44所示,将橡皮筋穿过容器的底部,并让其穿过容器的无盖的顶部。

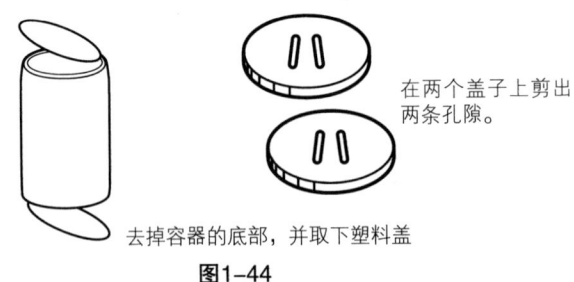

去掉容器的底部,并取下塑料盖

在两个盖子上剪出两条孔隙。

图1-44

将螺母用胶布粘在一起并将它们连接到橡皮筋一侧的中心（不用将不同条带的橡皮筋粘到一起），如图1-45所示。

将橡皮筋的末端穿过容器盖，使用回形针固定橡皮筋，使其不会滑到容器内（将回形针穿过留在孔外的橡皮筋的尾部），如图1-46所示。把盖子放在容器上，确保橡皮筋仍然伸出另一端。

在橡皮筋中心套上螺母并连接两个盖子

图1-45

橡皮筋穿过盖子孔隙并用回形针固定好

图1-46

轻轻拉动橡皮筋通过孔隙，用第二个回形针固定另一个橡皮筋。将螺母（或其他重物）放置在容器的中央，注意不要碰到容器内壁。把两个盖子放在容器的两端，如图1-47所示，这样回旋玩具就做好了！

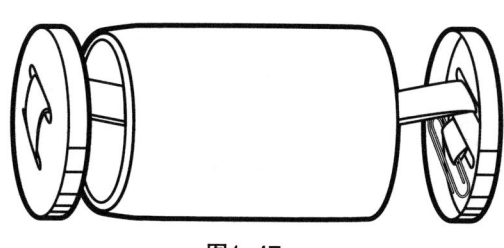

两个塑料盖分别放置于容器的两侧

图1-47

向前滚动玩具你会看到玩具慢慢停止并往回滚动，如图1-48所示。当你在下坡将玩具向下滚动时会出现更奇妙的现象，它会向下滚动直至底部，再往上滚动，仿佛不受重力影响一般。

容器中的重物使橡皮筋的一端保持固定而另一端自由扭转。滚动的距离越远存储的能量越多，玩具滚回来这一现象说明了存储的能量又转化成了动能。

混合动力汽车也是采用这一原理将存储在飞轮中的能量转化成动能给电动机供电，通过电动机驱动汽车来节省燃料。

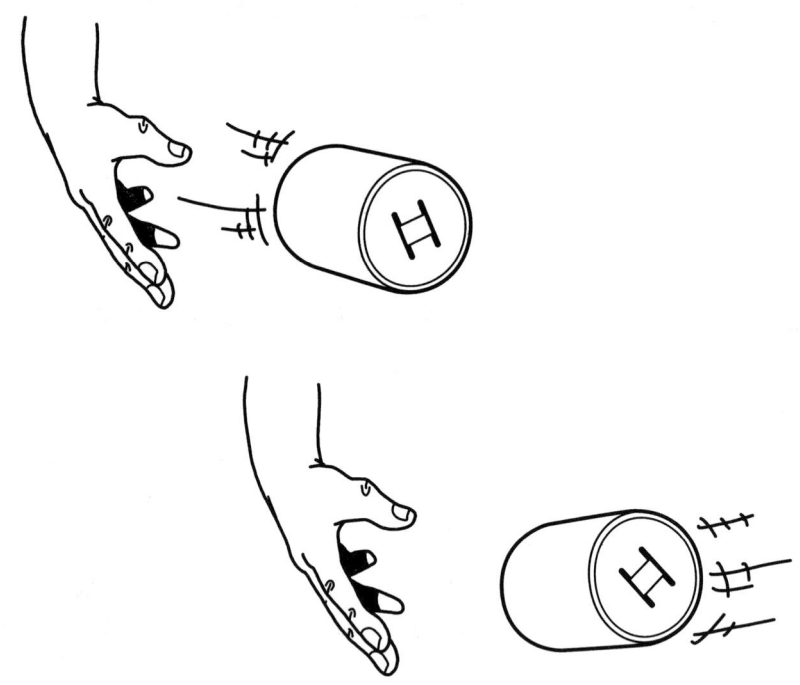

滚动玩具时玩具存储能量并最终往回滚动

图1-48

奇妙的开关

用一个简单的回形针和磁铁，你就可以制作你自己的灯泡开关。

需要什么

- ▶ 五号电池
- ▶ 小型的灯泡一只
- ▶ 透明胶带
- ▶ 纸板
- ▶ 回形针
- ▶ 铜线
- ▶ 强磁铁

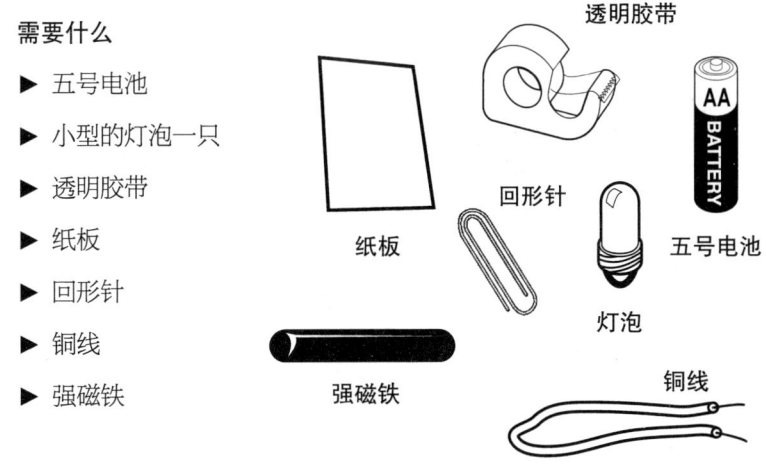

怎么做

在这个小实验中，把这些小零件用胶带固定在纸板上（明信片也可以）以便于其他人看到或者用数码相机记录下操作过程。

首先，将电池和灯泡首尾相连，并用透明胶带将其粘贴到纸板上，如图1-49所示。接下来，将回形针弯曲成如图1-50所示的形状，使其环绕电池的正极（+）端。

然后，将铜线缠绕在灯泡的基座上并弯曲，使其悬挂在回形针上，如图1-51所示。

最后，确保回形针稍微向上弯曲，非常靠近但不接触上面的铜线，并且能够自由移动。把强磁铁靠近铜线的顶部。回形针朝强磁铁上方移动，接触铜线的时候灯泡亮起，如图1-52所示。

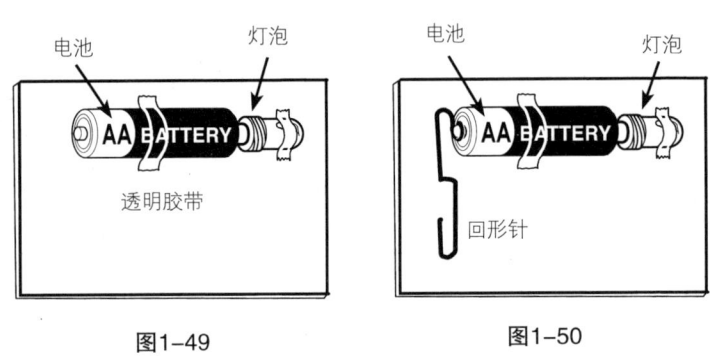

图1-49　　　　　　　　　　图1-50

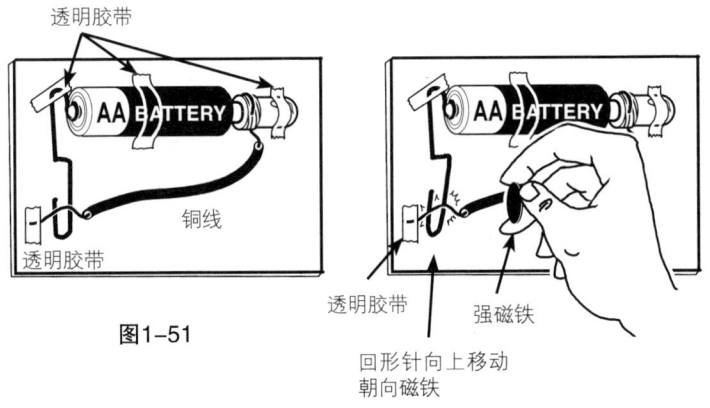

图1-51　　　　　　　　　　图1-52

洗洁剂推动的鱼

当你看到纸板和洗涤剂时,你通常不会相信它们能变成一种自行式的模型鱼。这个实验将向你展示如何用家用的工具制作一个有趣的水上玩具。只需几分钟就可以了。

需要什么

▶ 明信片或食品盒(如麦片盒)上的小纸板
▶ 剪刀
▶ 盛满水的水槽或浴缸
▶ 洗洁剂

洗洁剂

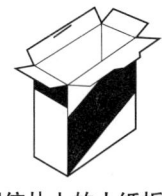
明信片上的小纸板

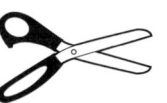
剪刀

怎么做

从一块薄纸板上剪下鱼的形状,如图1-53所示。注意,要确保鱼中间的洞在尾部与狭缝相连。

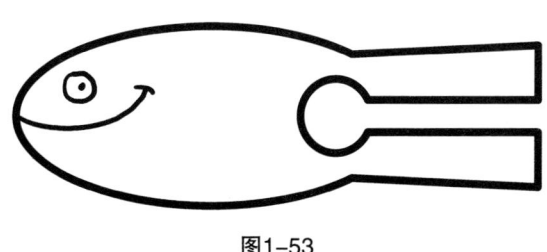

图1-53

把纸板鱼放在水面上,然后小心翼翼地将一些洗涤剂倒在鱼尾部的圆孔上。你很快就会看到小鱼像摩托艇一样前进,如图1-54所示。

发生上述现象原因在于洗洁剂将原本凝聚在一起的水分子分离开,当这些水分子失去凝聚力的时候便向外运动,进而推动小鱼前进,如图1-55所示。

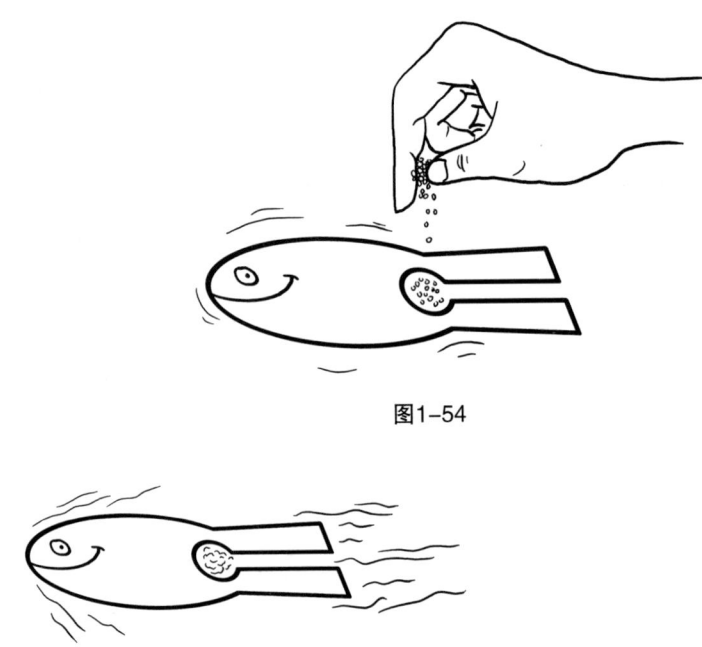

图1-54

图1-55

在瓶盖上跳舞的硬币

当水的温度升高时就会产生上升的水蒸气。将硬币放置在水蒸气上升的路径上,它看起来就会像在跳踢踏舞一般。你只需要准备一个两升的瓶子,一枚硬币,和一些普通的家庭用品就可以了。

需要什么

- 量杯
- 水
- 两升的瓶子
- 冰箱
- 一枚硬币

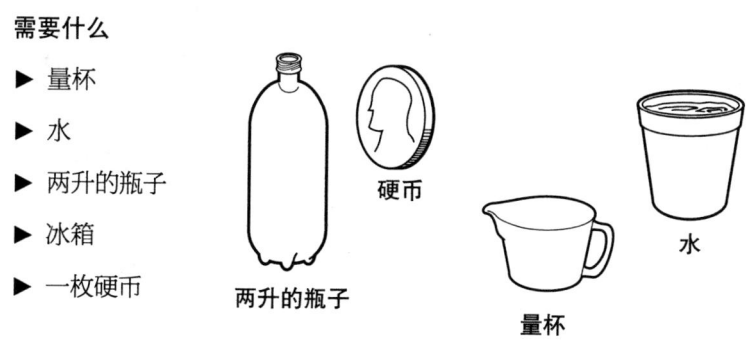

怎么做

首先,在瓶子里装入一大半的水,然后把瓶子放在冰箱里一个小时,如图1-56所示。

接下来,取出瓶子竖直放着,拿掉瓶盖。将硬币放在瓶子的开口上方,使其完全盖住开口,如图1-57所示。

几分钟后,你会注意到硬币开始振动,并发出敲击声。当水的温度上升时,瓶子里的水蒸气上升,在溢出的时候推动硬币。在蒸汽每次溢出之后,硬币又一次回到瓶口上。循环重复,这就是硬币跳舞的原理,如图1-58所示。

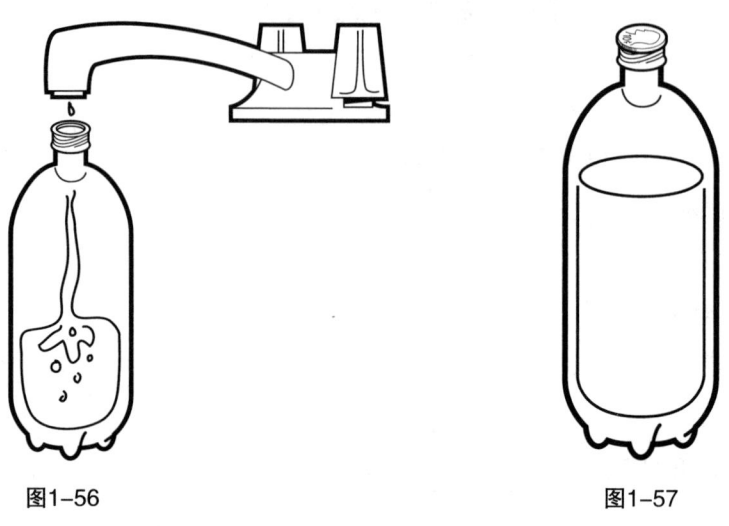

图1-56

图1-57

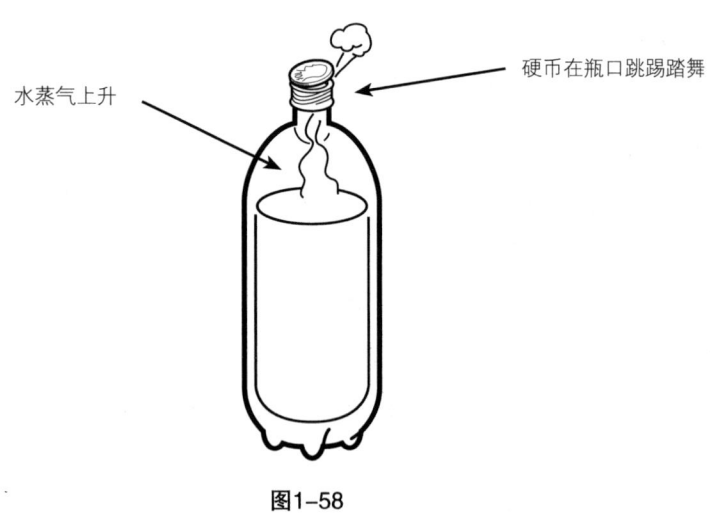

水蒸气上升

硬币在瓶口跳踢踏舞

图1-58

黑白出彩色

向你的朋友发起挑战,要求他们在不触摸或者不涂色的情况下改变物体的颜色。当他们手足无措的时候,你可以向他们展示如何在黑白图像中产生不同的颜色,他们肯定会大吃一惊的。

需要什么

- ▶ 白纸板
- ▶ 黑色马克笔
- ▶ 铅笔
- ▶ 大头针
- ▶ 剪刀

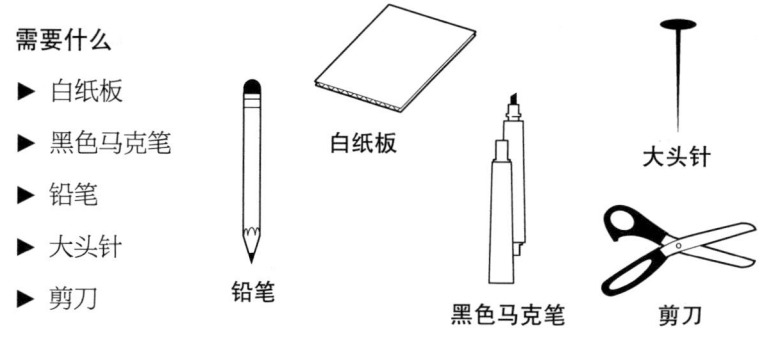

怎么做

在白纸板上绘制如图1-59所示的圆盘,圆盘一半为纯黑而另一半是破碎玻璃状的图案。如果复印了插画,可以用黑色马克笔填补空白点。圆盘的直径约10厘米,用剪刀将圆盘剪下。

将圆盘放在铅笔顶端的橡皮中央,用大头针将圆盘固定在橡皮擦上,如图1-60所示。

接下来,双手旋转铅笔,你会看到黑白图像会根据旋转速度的不同而呈现蓝色和红色,如图1-61所示。

为什么出现这种现象?

人眼有用于外周和侧视的视杆细胞,还有用于前视和辨别颜色的视锥细胞。

视锥细胞分为三种,这三种视锥细胞对红、绿、蓝三种颜色有不同的反应时间。当你看到白色的时候,三种锥细胞反应时间是相同的,而当你旋转圆盘的时候,这些不同长度的黑色部分交替出现使得三种锥细胞对白色的反应时间不同,这就是你为什么会"看"到不同颜色的原因。

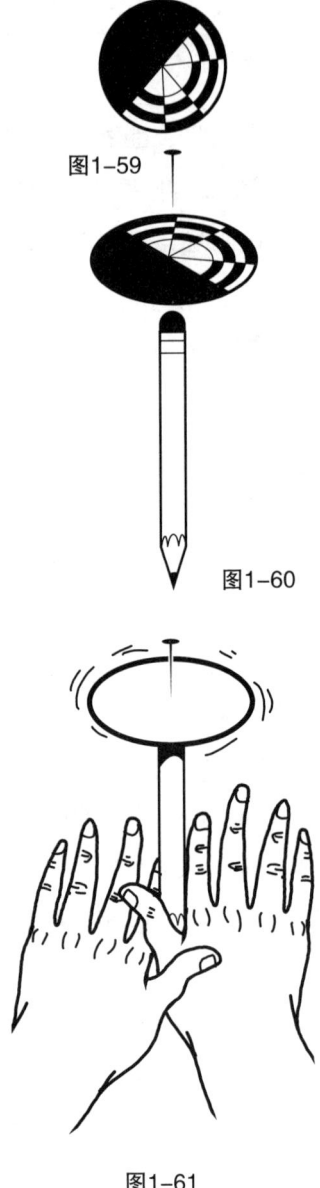

图1-59

图1-60

图1-61

不用剪刀就可以拉断绳子

你是否有过无论怎么用力都无法拉断一根绳子的经历?或者在别人一筹莫展的时候像个超人一样有着强大的力量?接下来的实验可以让你不用剪刀就可以拉断粗绳。

注意:这个小技巧只适合普通绳子而不是尼龙绳或者有涂层的绳子。

需要什么

▶ 大概1米长的绳子

绳子

怎么做

将绳子的一端在左手食指上绕三圈,然后在手掌形成一个环形。

接下来,将绳子绕过手背穿过环向上拉,使得两手之间留出10厘米长的绳子。

最后,将绳子另一端在右手上缠绕至少四圈,握紧拳头,如图1-62所示。左手向上,右手迅速向下拉,你会看到环绕的绳子断开了。

注意:先用细绳子,然后再慢慢尝试粗绳子。

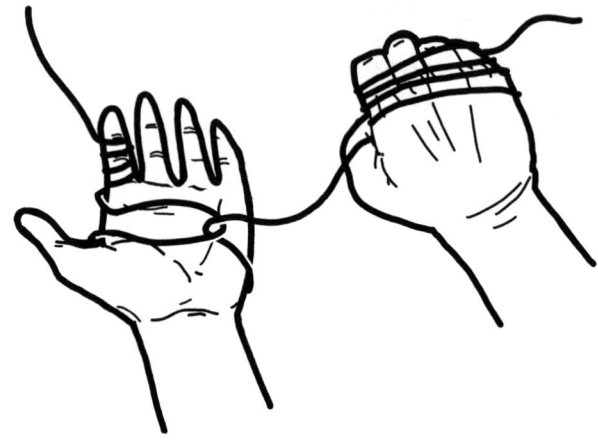

图1-62

纸袋

这个实验很早之前就有人做过。将纸折叠成特殊的形状，你可以捕获空气然后发出非常响亮的声音。

只要按照下面的步骤操作，你就可以制作出这个纸袋了。

信纸

需要什么

▶ 信纸

怎么做

首先，将纸张的左右两边对折，然后展开它们，如图1-63所示。接下来，把四个角都折到中心线上，如图1-64所示。

然后，将纸张折向自己所在的方向，如图1-65所示。将纸张的右侧向下折叠，如图1-66所示。同样将左侧向下折叠，如图1-67所示。

再将纸张向后弯曲对折使有两个角朝向自己，外形看起来像是个三角形的纸袋叠好了，如图1-68所示。最后，用手指把两个角重合在一起迅速向下摆动纸袋，这样会使得空气在纸袋内聚集压缩从而产生巨大声响，如图1-69所示。

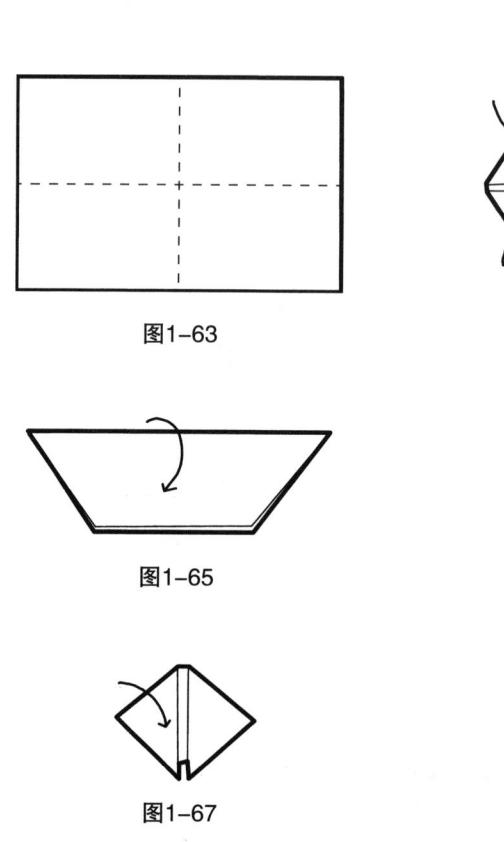

图1-63

图1-64

图1-65

图1-66

图1-67

图1-68

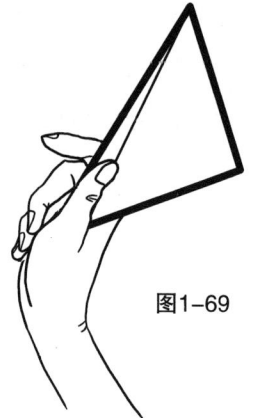

图1-69

用光交流

能量可以从一种形式转换成另一种形式并被传感器检测到。我们的耳朵是一种音频传感器，它可以探测声音在空气中的振动（在水下可以听见声音，将你的耳朵贴在固体物体上也能听见声音）。

你可以利用一个声光探测器来做一个独特的能量转换实验。使一个物体震动（在这个实验中是一个反光镜），然后你就可以通过一个隔音屏障来检测声音，你的声音会使一个与反光镜相连的气球震动，反光镜的反射光被旁边的太阳能电池接收，并将它们转换成可以用耳机听得到的电信号。

通过这个实验，你将明白声音的振动影响光波，然后再转换回声音的原理。

需要什么

- 太阳能电池
- 耳机
- 绝缘胶带
- 剪刀
- 宽口纸杯
- 大的圆形气球
- 橡皮筋
- 反光镜
- 手电筒

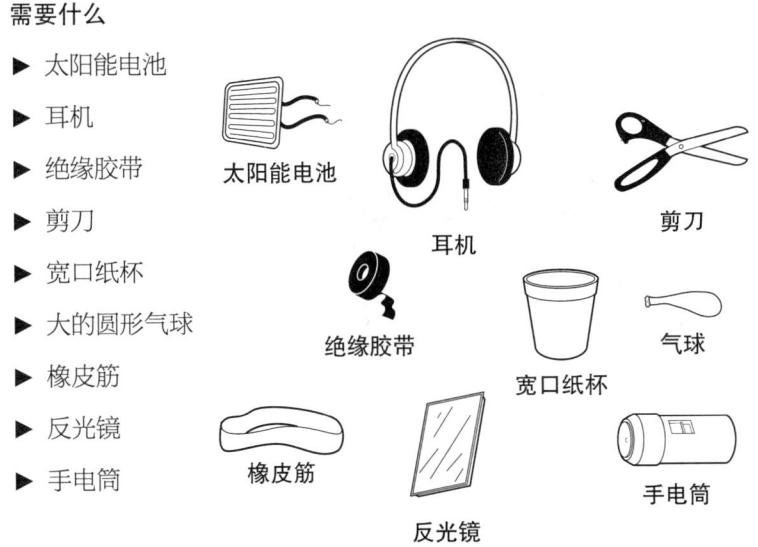

怎么做

将太阳能电池的两根导线连接到耳机插头的两端,用绝缘胶带固定好,如图1-70所示。

接下来,在杯子底部剪开一个小洞。把气球切成两半,把它包在杯子的开口上,然后用橡皮筋紧紧地固定住它,如图1-71所示。

图1-70

图1-71

将反光镜粘在气球的中央,如图1-72所示,用手电筒对准杯子上的镜子,将太阳能电池放置在杯子的正前方,让它能接收到反射光。

最后,轻轻握住杯子说话,你的朋友可以在耳机里听到你的声音,如图1-73所示,当然也可以隔着一个玻璃窗进行实验。

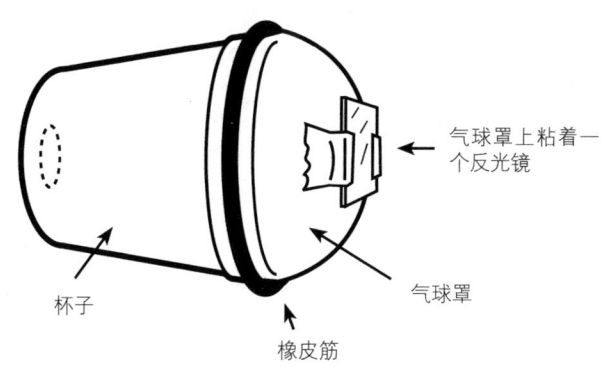

图1-72

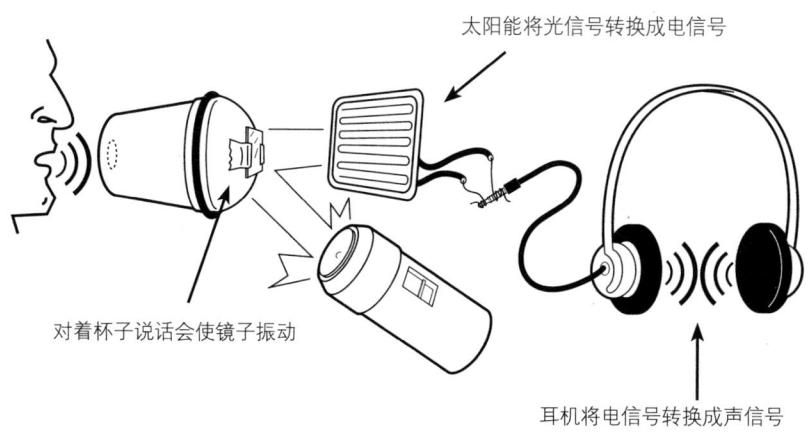

图1-73

奇妙的滑翔机

当你向前走的时候,空气扑面而来,你可能觉得是自己走动所产生的风。如果你拿着一个大块纸板并且将它调整到正确的角度,就可以为一架小型滑翔机提供足够的升力让它在空中翱翔。

这种奇妙的效果会让人觉得滑翔机是靠魔法飘浮的!

需要什么
- ▶ 字典
- ▶ 剪刀
- ▶ 包装盒

怎么做

注意:这种滑翔机必须用非常薄的纸制成,这样才能保持飞行高度。普通的书写纸或新闻纸略重。

从字典中撕下一张纸,剪成5厘米×10厘米的尺寸,将两侧折叠使其直立起来,折叠的部分长度约为1厘米,如图1-74所示。

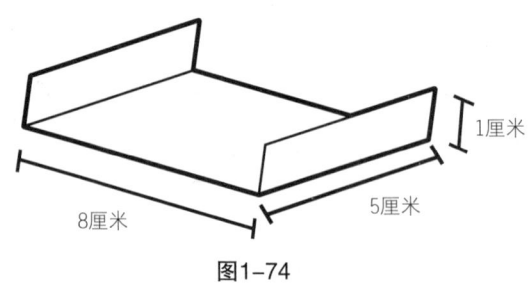

图1-74

将另一边约0.5厘米的部分向下折叠但不要折叠到底。同样地，另一端向上折叠0.5厘米，最后制作好的滑翔机如图1-75所示。

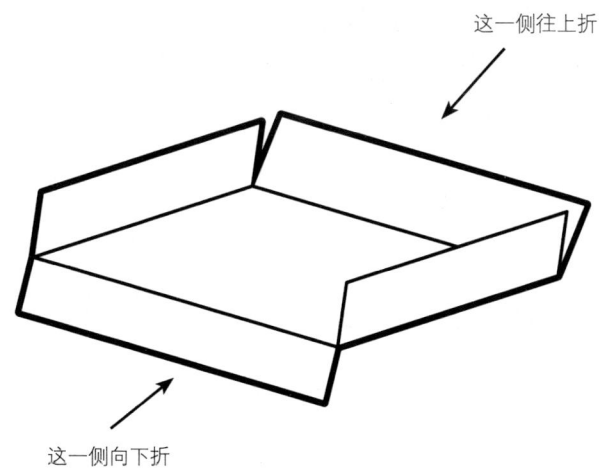

图1-75

将包装盒展开成一张平纸板，将滑翔机放在你头顶上方，另一只手握住大的纸板，如图1-76所示。

松开滑翔机让其自由下落，立即将纸板垂直地放在滑翔机后方的位置，然后向前走，如图1-77所示。

你可以通过微调使滑翔机向左或者向右飞行，反复练习就可以让滑翔机保持一定高度并且沿着任何你想要的方向前进了。

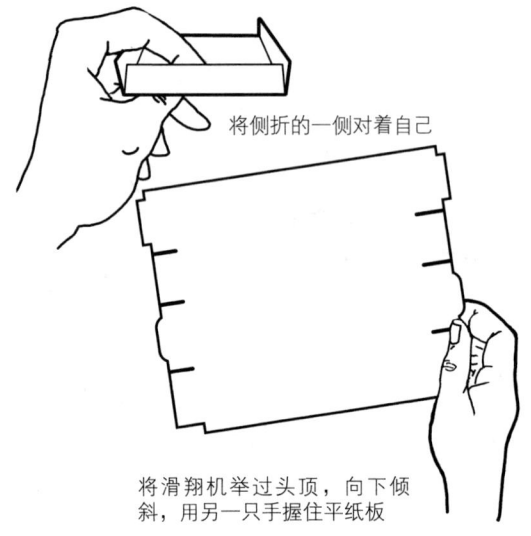

将侧折的一侧对着自己

将滑翔机举过头顶,向下倾斜,用另一只手握住平纸板

图1-76

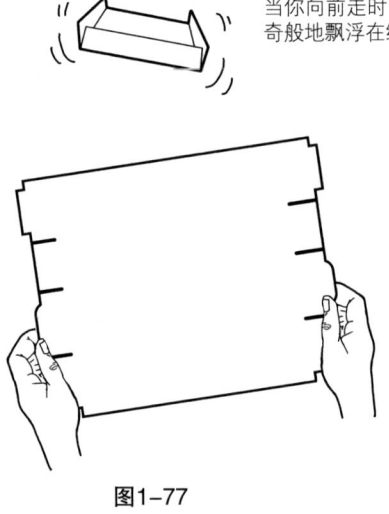

当你向前走时,滑翔机向前移动,神奇般地飘浮在纸板上面

图1-77

奇妙的振动机器人

通常,我们希望像马达这样振动的机器能安静地工作,但有时振动的物体却很有用。耳机和扬声器的振动使你听见声音,在本实验中,利用一个系着重物的微型马达来振动手机或者寻呼机以达到提醒你的目的。

只需从一个旧的玩具上取下马达和其他一些日常的东西,就可以制作一个奇妙的振动机器人了,这个机器人不需要轮子就可以在任何平面飞奔。

需要什么

- 小型玩具车或者由五号电池驱动的车
- 剪刀
- 三个大的回形针
- 钳子
- 绝缘胶带
- 纸杯
- 五号电池

怎么做

小心地从玩具车里取出马达。注意要切断马达和电池之间的连接线,如图1-78所示。

将回形针放在马达齿轮旁边并弯曲成如图1-79所示的样子,用钳子牢牢按住回形针并绕紧齿轮。回形针的长的一端偏离中心起到负重的作用,在齿轮旋转的时候产生振动。

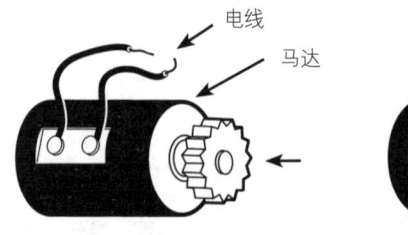
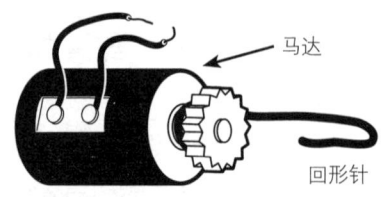

从玩具上拆下带连接线的马达

图1-78

回形针一端绕在齿轮上

图1-79

接下来,将另外两个大回形针弯曲成直立的形状,如图1-80所示。然后将它们贴在倒置杯的两侧,如图1-81所示。当它们倒置时,它们将充当机器人的支撑腿。

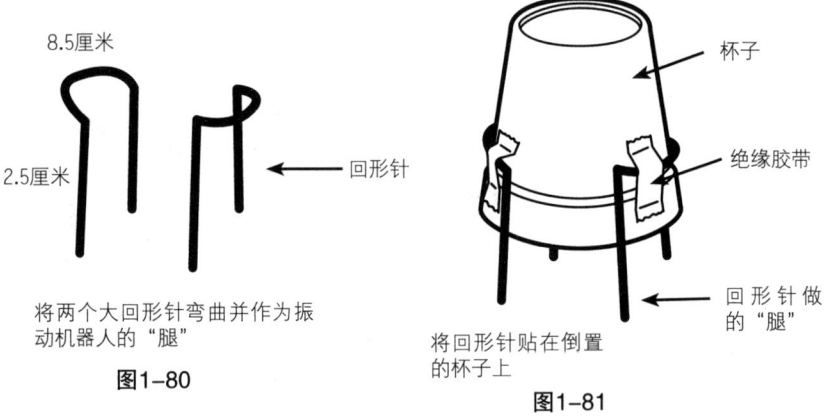

将两个大回形针弯曲并作为振动机器人的"腿"

图1-80

将回形针贴在倒置的杯子上

图1-81

将马达放在杯子的顶部,使其悬挂在边缘上。确保回形针可以自由转动而不接触杯子。将电池和马达一样放在杯子的顶部。然后,将马达的其中一根连接线固定在电池的一端。最后,将另一根电线也缠绕在电池的另一端附近,如图1-82所示。

要启动机器人,请将松动的电线按在电池上,并使用一小块胶带固定好,它可以作为机器人的开关。当马达旋转时它会振动,整个杯子也会发生转动,如图1-83所示。要停止机器人,只需拉动电线即可。

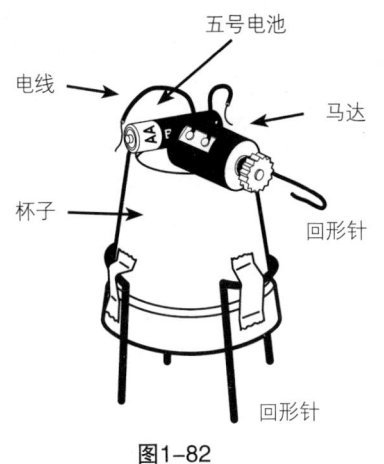

图1-82

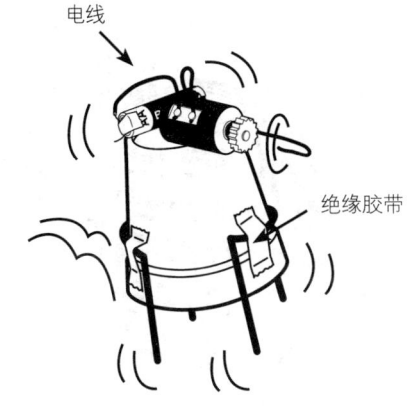

将电线与电池末端粘住，机器人会动起来

图1-83

进一步学习

· 用更多的回形针和其他零碎品来装饰小型机器人。

· 用小盒子，如茶叶盒或者爆米花盒来替代杯子。

· 将机器人的两条"腿"设计成两个不同的高度，振动机器人会沿着圆圈跑动。

· 制作多个振动机器人，然后看它们比赛。

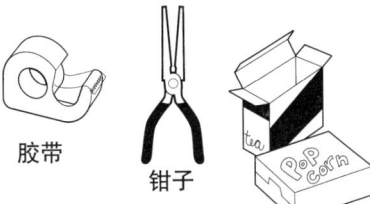

胶带　　　钳子　　　茶叶盒或者爆米花盒

电池　　纸杯　　从商品包装盒取下的纸板

回形针　　橡皮筋　　铅笔或者钢笔

奇妙的振动船

就如同振动马达可以让机器人在坚实的地面上移动一样,你也可以用同样的方式来推动一艘小船,只不过得用海绵垫代替杯子作为船体。

水的表面张力是水的特性之一,使水形成液滴。水分子有黏性,它们往往粘在一起,这就是当你把杯子倒满水,水会在杯顶微微凸起而不溢出的原因了,你甚至可以在它表面放置一些物品(例如回形针)而不掉下去。

这个实验将使用没有螺旋桨的机动水车,对水面张力的强度进行有趣的展示。

注意:千万不要把电和水混在一起!但是,不用过于担心,这个项目中使用的手表电池只生产3伏的电压,在水上使用是安全的。

需要什么
- 海绵垫
- 剪刀
- 水槽或者水桶
- 微型马达
- 大回形针
- 3伏手表电池
- 绝缘胶带

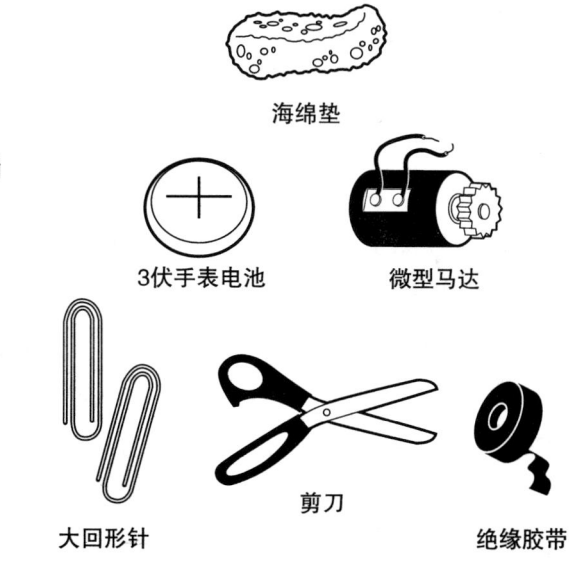

怎么做

剪一块上表面面积为25平方厘米的海绵垫,并确保它是干的,然后将它放在水上测试是否能漂浮起来,如图1-84和图1-85所示。

接下来,和前一个实验一样,组建马达和电池组,这次将马达安放在海绵垫上方足够高的地方,这样它的回形针"腿"可以自由移动了,具体参见图1-86。

最后,将这个模型小心翼翼地放在水面上浮起来,接通电池和马达之间的连线,这艘小船很快会沿着自己的航线移动,如图1-87所示。

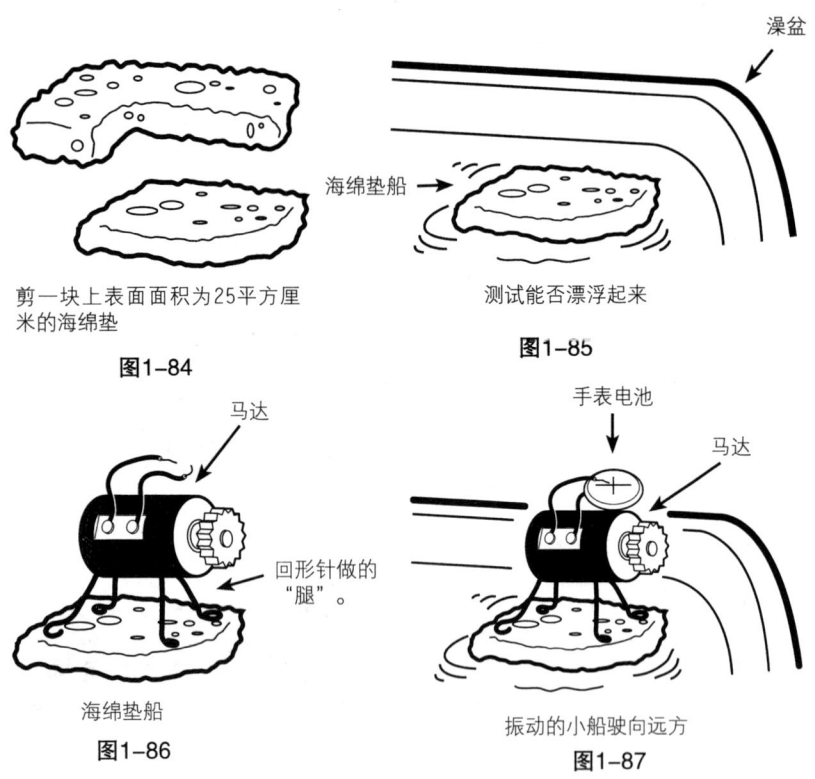

剪一块上表面面积为25平方厘米的海绵垫

图1-84

测试能否漂浮起来

图1-85

海绵垫船

图1-86

振动的小船驶向远方

图1-87

奇妙的变形金刚

　　一些产品的包装通常会有特殊的形状，本实验中你可以利用几块纸板制作一个非常坚固的"变形金刚"机器人。

　　我们这次制作机器人的步骤十分简单，可以用废旧的产品包装盒制作（用遥控玩具车或者遥控汽车作为底盘）。制作这个机器人会用到废弃易拉罐、饮料瓶和电池等材料。这个机器人用回收物品制作，可以促进资源再回收。

　　另外为适应需要，可以用魔术贴和橡皮筋增加额外的装饰部分。机器人的头部和手臂可以加以伸展并装有LED灯，躯干可以设计成折叠式的，材料可以使用丢弃的CD或DVD盒，并用布覆盖，作为机器人的基座。其他的配件如对讲机或手机，可以用魔术贴附着在机器人身上以增加实用性，当然还可以对机器人进行喷漆。我们可以为机器人配备一个中等大小的玩具车，出于稳定性角度考虑，该玩具车应该有厚轮胎以及一个转速较慢的马达（一些高转速玩具车速度过快可能导致机器人翻倒）。

　　你的机器人和你朋友的机器人在比赛的时候，可以选择不同无线电频率的信号来遥控机器人，这样就会避免相互干扰，你可以在相关包装盒外面看到这些信息，通常选择27或者49兆赫兹的频道。

需要什么

- 遥控卡车或者遥控汽车的底盘
- 螺丝刀
- 柔软的天线
- 魔术贴
- 塑料CD或DVD盒
- 四个大的麦片盒子
- 胶带
- 粗的橡皮筋（可选）
- 两个长条形的饼干盒
- 两个牙膏盒（略小于饼干盒）
- 爆米花盒
- 三个茶叶盒
- 包装袋
- LED灯，LED夹子，或柔性阅读灯(可选)
- 剪刀

怎么做

当我们将纸板折叠起来的时候，纸板由于压力分散而表现出强的抗弯曲性，如果是平铺的话则抗弯曲性较弱。但是，纸板的每个地方都很容易发生弯曲，一旦纸板已经弯曲，它就具有抗弯曲性。特别是弯曲成直角时，表现出最大的抗弯曲强度。

第一章 奇妙的世界

本实验我们将用食品包装盒制作机器人，为了承受尽量多的负载，机器人会被设计成特殊的样式。

首先，测试遥控汽车前后加速能力及其转弯能力，然后再拆除底盘。有时候即使是新车也可能有各种各样的问题。注意：玩具店可不会在保修期之后继续履行保修义务！

翻转车身卸下固定外壳的螺钉，有时候需要小心地让天线穿过机箱孔取下车身，将前保险杠/绞车组件放在前面，可以在碰撞的时候提供额外的稳定性。注意要保存车身固定用的螺丝。

在遥控汽车底盘的顶部和两个麦片盒的底部贴上四个魔术贴，如图1-88所示。将盒子安装在遥控汽车底盘上，前部稍微分开就和人的腿一样（在盒子的前下方之间填充一些折叠纸板，将它们分开一定的角度，类似站立并且稍微倾斜的腿），在麦片盒顶部贴上魔术贴，在CD盒的顶部和底部也贴上四个点。将CD盒放在两个麦片盒"腿"的顶部。将CD盒的下部固定在盒子上，如图1-89所示。在其他两个麦片盒的顶部，底部和侧面贴上魔术贴，然后将这两个麦片盒安装在CD盒上，如图1-90所示。

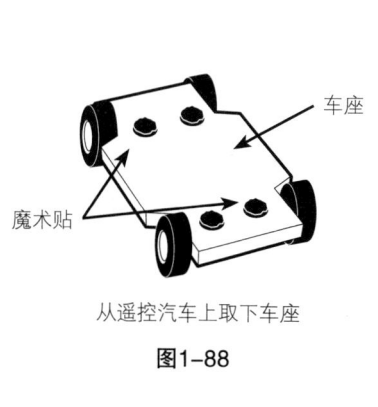

从遥控汽车上取下车座

图1-88

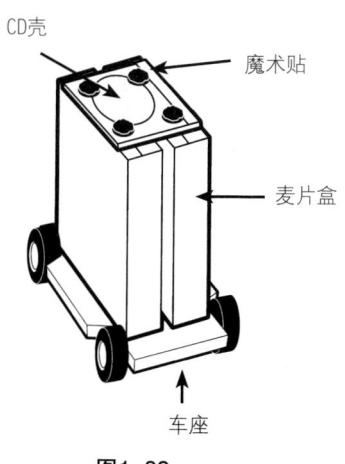

图1-89

你可以根据需要用各种方式固定麦片盒,具体方式取决于你是否要将机器人保持为全尺寸形式。或者,你可能更愿意将所有的盒子都弄平整,这样可以很容易运输大背包等重物。根据你的设计,你可以用胶带固定上部与下部的麦片盒,或者采用折叠的包装设计,使用大橡皮筋固定顶部的两个盒子,而另一对橡皮筋将下面的盒子固定在汽车底盘上。

例如,将两个盒子在顶部粘在一起,并将橡皮筋和CD盒外壳连接起来,这样顶部就能够自由地上下摆动。当用布覆盖时,它可以起到托盘的作用,如图1-91所示。

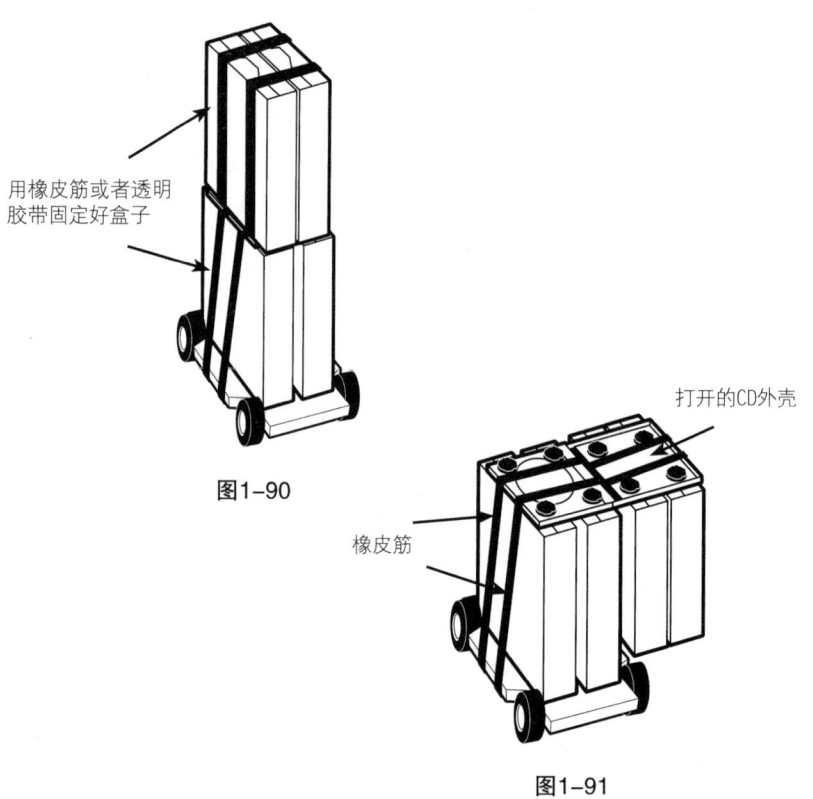

图1-90

图1-91

第一章 奇妙的世界

要制作机器人的手臂,需要在两个长饼干盒的侧面粘好魔术贴,将牙膏盒塞进饼干盒中。保持牙膏盒襟翼张开并弯曲向上,使它们像爪子一样,如图1-92所示。这两个盒子紧密固定而不松动。如果它们的尺寸有很大的差异,可以在它们中间填充小纸片以确保它们紧密贴合。

要制作机器人的头部,需要用到爆米花盒。在盒子前面的顶部附近剪一个半圆形的洞,这个洞是为了安放机器人的眼睛,将一个茶叶盒塞入爆米花盒的内部,并用魔术贴固定住。注意:不要将茶叶盒全部塞入爆米花盒中,留出一部分作为机器人的颈部。

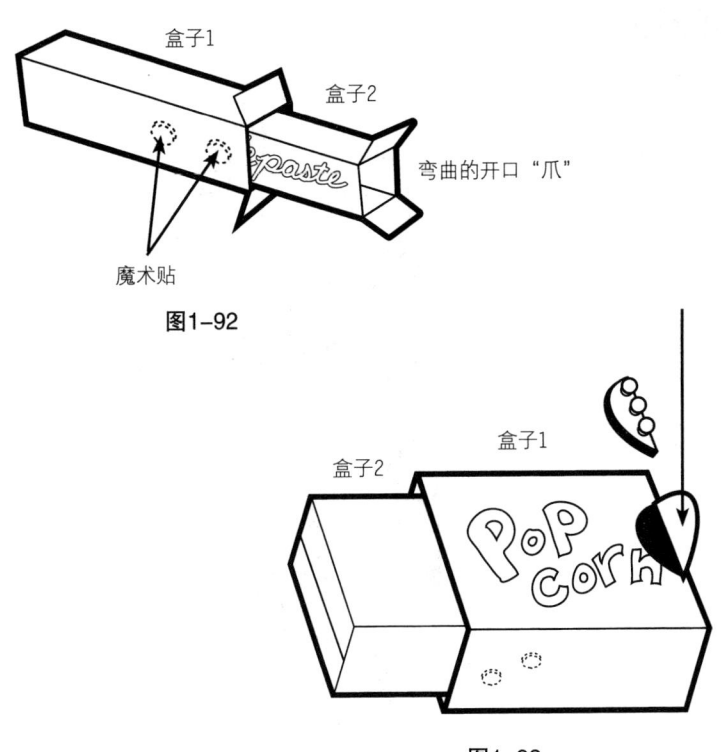

图1-92

图1-93

你可以在包装袋正面绘制一个电池和一个回收标志(一个三螺旋的箭头),然后将其粘贴到机器人的正面,如图1-94所示。

最后,用胶带粘贴或按压机器人的手臂和颈部,并根据需要拉伸它们,如图1-95所示。

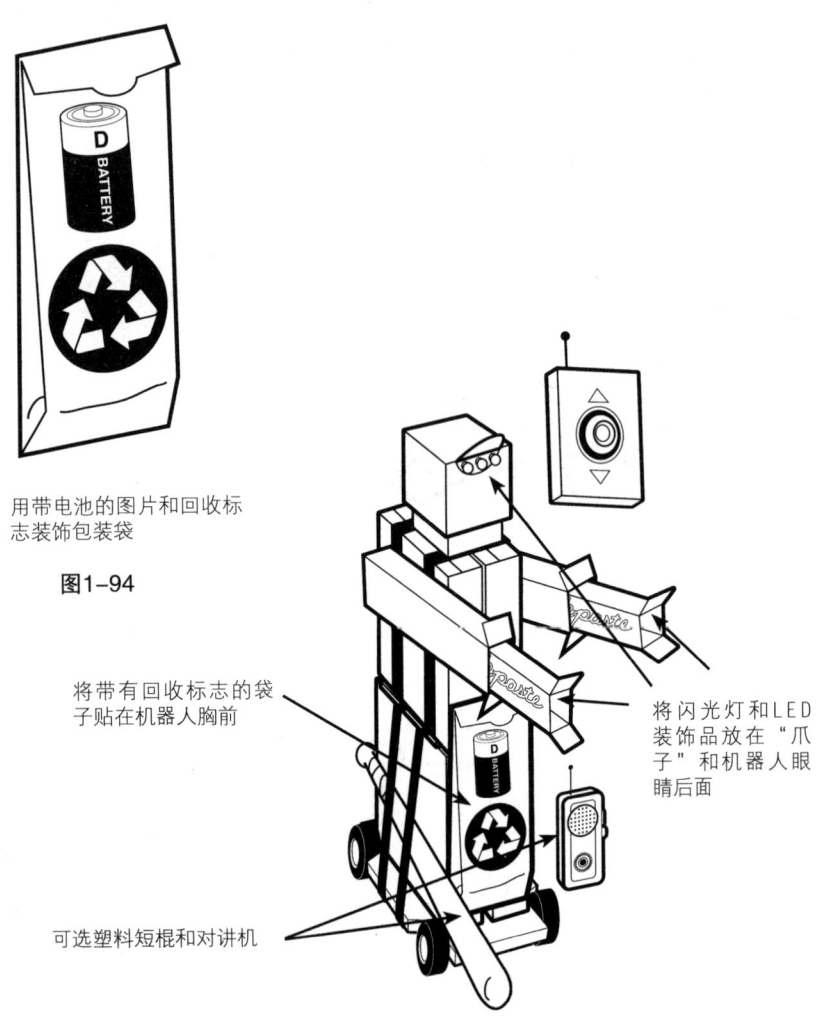

用带电池的图片和回收标志装饰包装袋

图1-94

将带有回收标志的袋子贴在机器人胸前

可选塑料短棍和对讲机

将闪光灯和LED装饰品放在"爪子"和机器人眼睛后面

图1-95

装饰这个机器人

机器人身体部位可以通过增加几个其他的部件来加强视觉效果。只需要一些家居用品即可制作出更具美观性的、具有"机械化"功能的"机器人"了。

需要什么

- 三个麦片盒和两个茶叶盒
- 闪烁的红灯,不闪烁的也行
- 五号电池
- 胶带
- 魔术贴
- 剪刀
- 柔性微型LED灯
- 柔软的塑料管

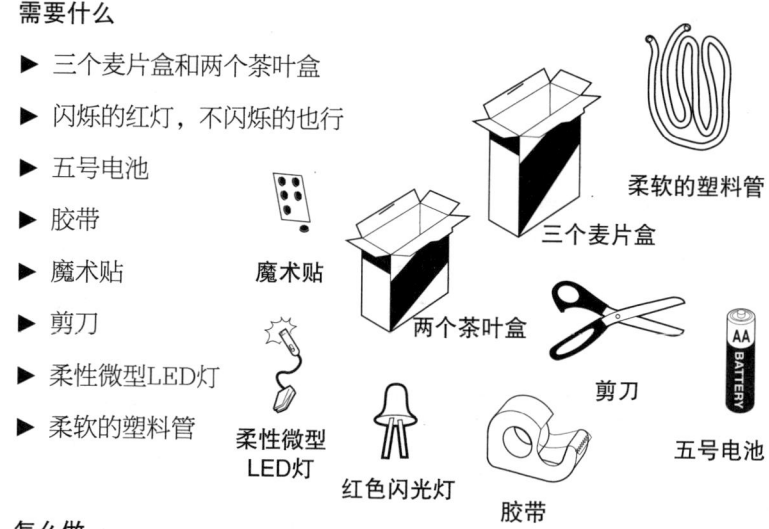

怎么做

注意,这里描述的所有装饰都可以根据你的特定机器人的尺寸和形状进行修改。附加的头盔、护腿以及用贴纸和其他附件装饰等都可以重新塑造。而且你也可以根据自己的喜好装饰机器人,躯干部分和附加盒部分可以折叠,腿部的麦片盒可以平坦展开。这可以让你快速拆卸并打包运输或者重新组装,而且展开零件只需要添加几块胶带就可以了。

头盔

为了使机器人看起来更加威武,你可以从一块纸板上剪下带翅膀的头盔图案。将它贴在机器人头部的正面和侧面,如图1-96所示。

使用闪光灯,你可以为你自己制作的机器人加一个未来式的"塞隆"(电影《太空堡垒卡拉狄加》中的机器人)外观,如图1-97所示。用新电池测试闪光灯,并将透明胶带或魔术贴放在靠近头顶部的眼睛的切口后面。

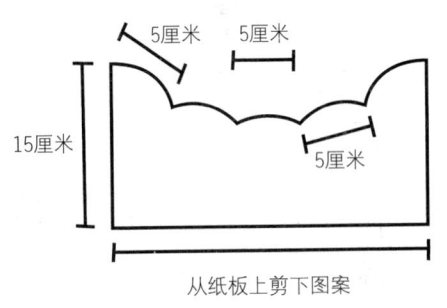
从纸板上剪下图案

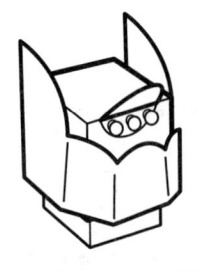
将"头盔"包裹在机器人头上,并粘上胶带

图1-96

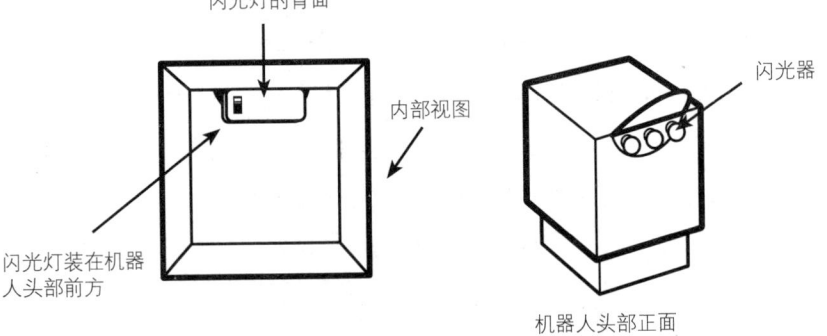

图1-97

护肩

使用两个茶叶盒和胶带或者魔术贴为机器人增加护肩。图1-98显示的是一个安装在饼干盒手臂后端的茶叶盒。将魔术贴贴在茶叶盒侧面与机器人上麦片盒的躯干部分中间,以固定肩膀和手臂。

将柔性灯夹在茶叶盒顶部(左臂、右臂和肩膀),然后通过饼干盒和牙膏盒前面的管道滑入茶叶盒顶部,如图1-99所示。

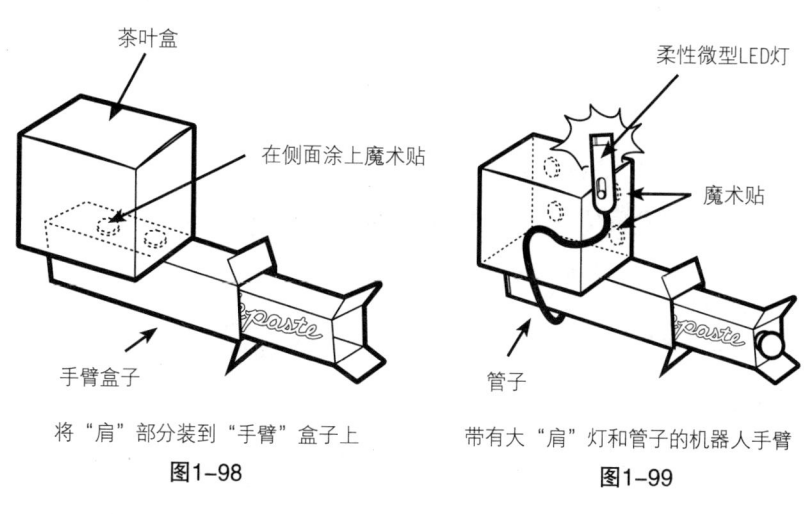

将"肩"部分装到"手臂"盒子上

图1-98

带有大"肩"灯和管子的机器人手臂

图1-99

护腿

用备用纸板制作的简易的防护罩可以为机器人的小腿添加保护。从麦片盒上剪出18厘米长,顶部15厘米宽,底部20厘米宽的梯形纸板,折叠成三个相同的部分(在顶部将有三个5厘米的折叠部分),如图1-100所示。将纸板的侧面粘贴到机器人腿部的侧面,这就加上了一个霸气十足的护腿,如图1-101所示。

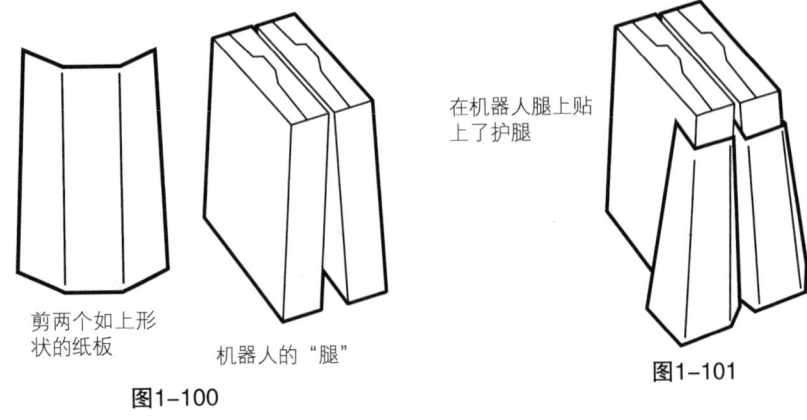

剪两个如上形状的纸板　　机器人的"腿"

图1-100

在机器人腿上贴上了护腿

图1-101

随着机器人的饰品的增加,包括一个在前面的回收袋(收集废旧电池)和固定在机器人躯干后部的更灵活的灯,它现在看起来很有气势。将原始设计与完全装饰后的机器人进行比较,如图1-102所示。

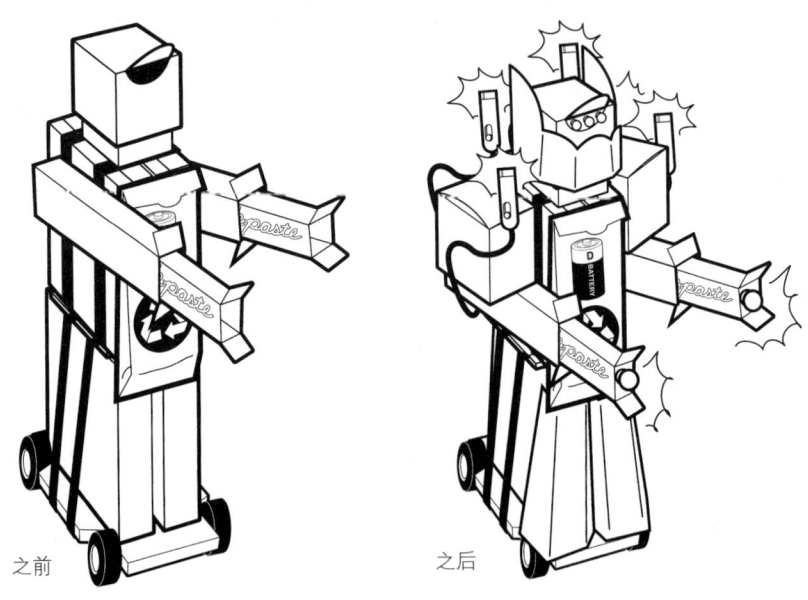

之前　　之后

图1-102

第二章

奇妙的测量实验

想想我们日常生活中普通的一天，你可能没有意识到我们进行了多少次的测量。测量是指使用数字描述事物特征的过程。例如，当你做饭的时候，你可以测量其中混合的各个成分的比重，并调整烹饪温度和时间设置。当你站在秤上的时候，你就在测量你的体重。当你用尺子来测量一块纸板时，你正在测量长度。在本章中，你将学习如何制作奇妙的测量仪器，如高度表，气压计和电压表，它们可以测量那些你触摸不到、感觉不到或看不到的但是仍然很重要的事物。

你相信你可以用水测量出你所在地方的海拔吗？你相信你可以用绳子、吸管和纸板来计算一个遥远的建筑物的高度吗？用一段带绝缘层的铜线制作电压表？用保鲜膜来测量房间内的气压？或许你觉得这些很不可思议，但是它们都是可能实现的。

奇妙的气压计

在现代气象卫星和雷达系统诞生之前，人们依靠简单的气压计来测量大气压力（或气压）。准备一些日常用品就可以制作气压计，让你能及时了解天气情况。

需要什么

- ▶ 保鲜膜
- ▶ 剪刀
- ▶ 宽口罐
- ▶ 橡皮筋
- ▶ 吸管
- ▶ 胶带
- ▶ 白纸板
- ▶ 钢笔

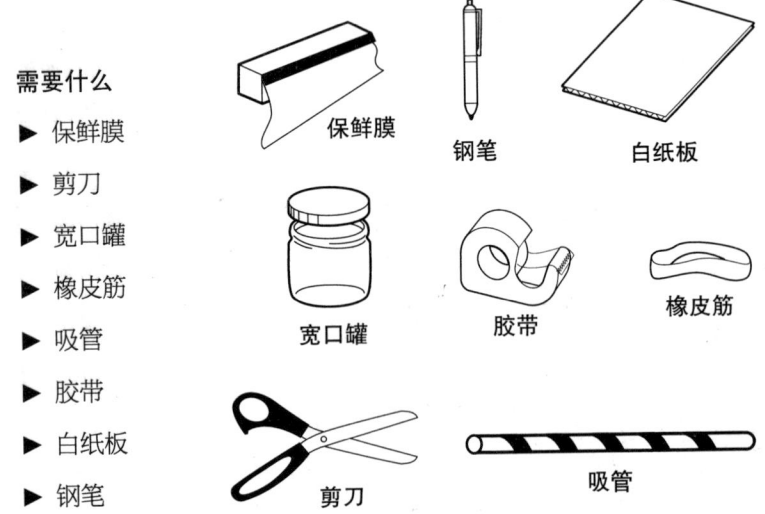

怎么做

剪一块足够大的保鲜膜，使其能够盖住罐子的顶部并将其余部分折到罐子腰部。拉紧保鲜膜的两侧使保鲜膜如同鼓一般，为使其具有较好的气密性，用橡皮筋封住罐口以确保保鲜膜与宽口罐紧密贴合，如图2-1所示。

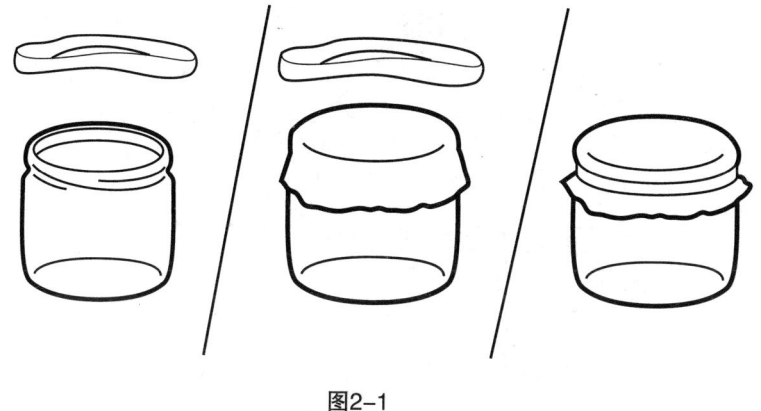

图2-1

将吸管水平放置在保鲜膜上,吸管一端用胶带固定在保鲜膜的中间,如图2-2所示。

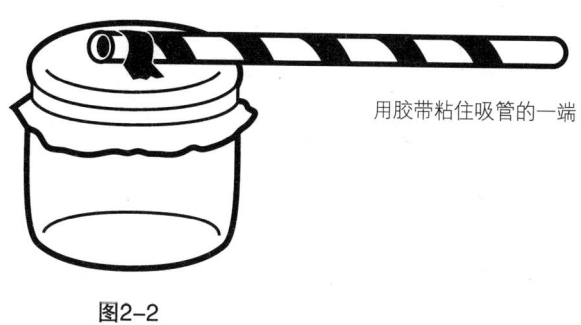

用胶带粘住吸管的一端

图2-2

将纸板放在吸管第一端,记下吸管的高度。在吸管高度的上方和下方的纸板上画出水平线,如图2-3所示。

将气压计放置在没有剧烈温度变化的地方(不要靠近散热器或窗户)。请注意吸管的位置,随时查看吸管位置的变化,特别是当地天气变化前后。绘制吸管在纸板上的水平变化表,以供将来参考,如图2-4所示。

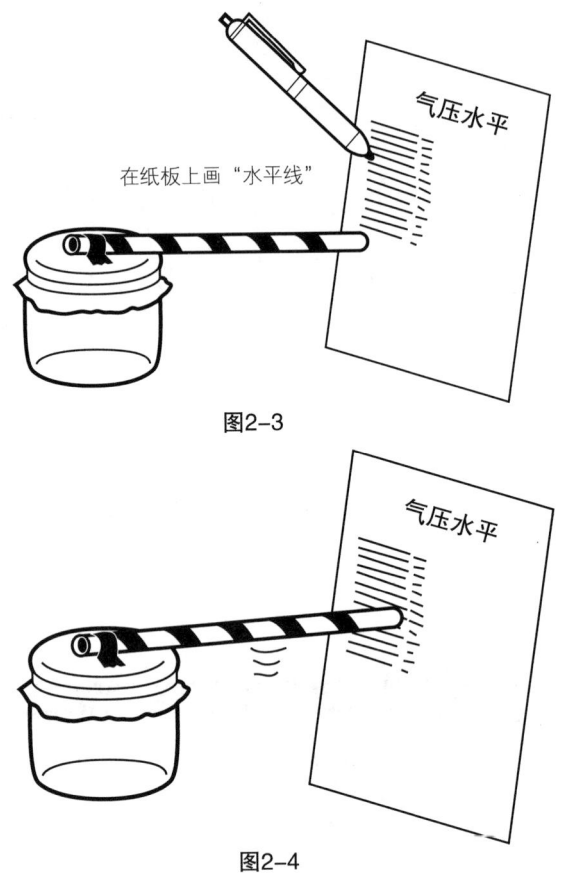

图2-3

图2-4

如何工作的

我们周围的每个方向都有空气压力。在干燥平静的天气——高气压情况下，宽口罐顶部会受到压迫，使管子的另一端上升。

相反，在风暴和暴雨来临前的天气——低压情况下，吸管另一端下降就是低气压的一个表现。

奇妙的高度计

空气压力指空气垂直作用在空气微团表面或物体表面单位面积上的力。不同海拔地区空气压力不同,低海拔地区的空气压力通常高于高海拔地区。测量不同海拔下的气压的装置称为高度计。就像气压计可以测量空气压力的变化一样,使用密封的罐子、水和吸管,就可以让你测量你所在位置的海拔高度。

需要什么

▶ 纸板
▶ 透明软管
▶ 漏斗
▶ 胶带
▶ 水
▶ 纸张
▶ 钢笔
▶ 剪刀

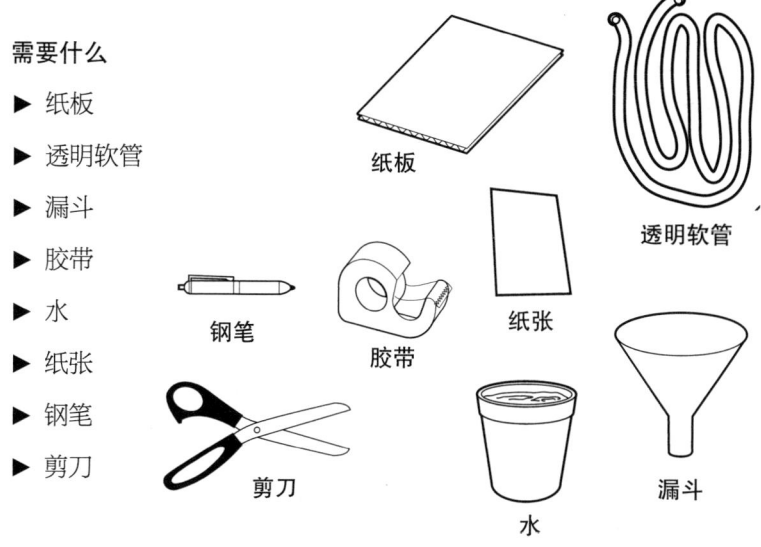

怎么做

将纸板两侧向里折回5厘米形成侧面,将纸板支撑站立起来,如图2-5所示。

用胶带将软管固定在纸板上。确保在左侧留出足够的空间,将软管弯曲并封闭在顶端并用胶带缠绕将其密封,如图2-6所示。

065

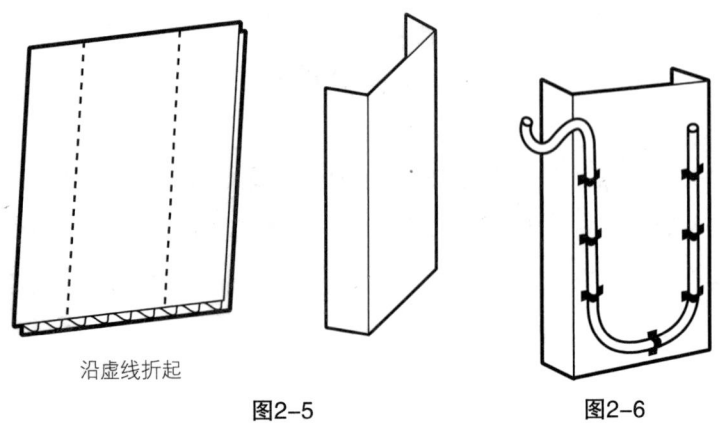

沿虚线折起

图2-5　　　　　　　图2-6

接下来，使用漏斗将水从管子的右侧注入，直到两侧的水位上升到纸板长度的一半，如图2-7所示。这里使用漏斗的原因在于防止直接从开放式水龙头中注入水时会发生管内水泡的积聚现象。

在纸上绘制多条水平线，如图2-8所示。这将作为高度的图案指示器，而管道两侧的水位之所以相同是因为水面上空气压力相同。

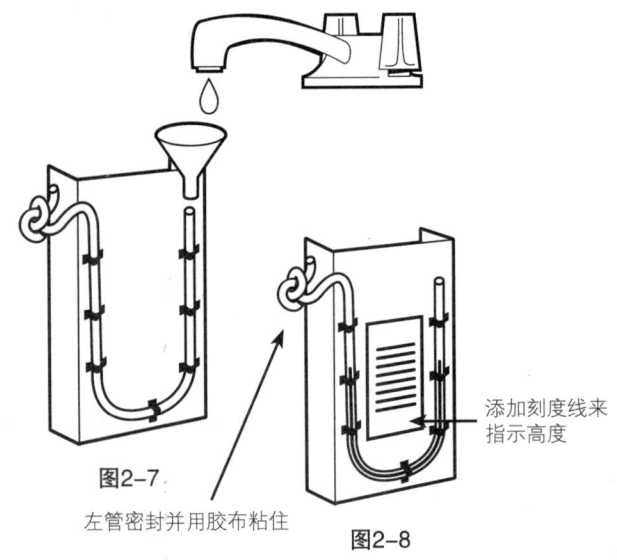

图2-7

左管密封并用胶布粘住

图2-8

添加刻度线来指示高度

管道两端的气压处于地面（或非常接近海平面）时候，你的高度计测量值相当于试管左端封闭的空气压力。如果高度发生变化，高度表上升或下降，表现为相应管道左侧或右侧水位的变化。在你绘制的刻度上标记水的高度之后，小心地将高度计带到你所在地区较高的位置（例如，在山顶或高层建筑的顶层）。这一过程中避免让水溢出管道。

你会发现你所处的位置越高，高度表左侧的水位越低，右侧的水位越高。这是因为管道开放的一侧受到的压力小于封闭的一侧，而高度表是在低海拔地区制作完成的，左侧的空气被困在里面，如图2-9所示。

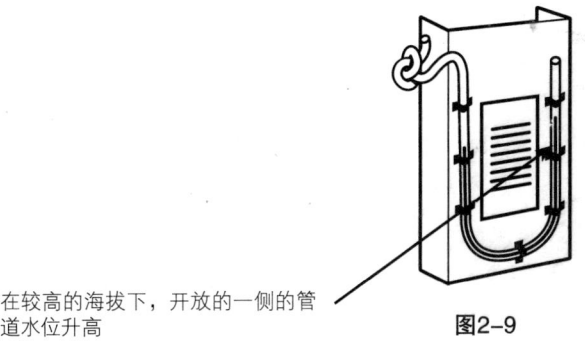

在较高的海拔下，开放的一侧的管道水位升高

图2-9

当你改变高度时，你可以在纸张上标出与水位相应的线条，以指示高度或当前高度。另外，如果你知道你所在的山丘或山峰的高度，请在纸张上标记该高度。这样一个奇妙的高度计就做好了！

奇妙的风速计

除了气压之外,另一个很日常的气象测量是对风速的测量,测量风速一般使用风速计。第一台机械式风速计是在1450年由意大利艺术家、建筑师莱昂·巴蒂斯塔·阿尔伯蒂发明的。风速计在风车制导系统中用于确定主风向。

你可以用日常用品制作一个简单的风速计,然后在乘坐汽车的乘客身上进行校准(除了驾驶员!)。

需要什么

- ▶ 纸板
- ▶ 剪刀
- ▶ 两个回形针
- ▶ 钢笔
- ▶ 纸张

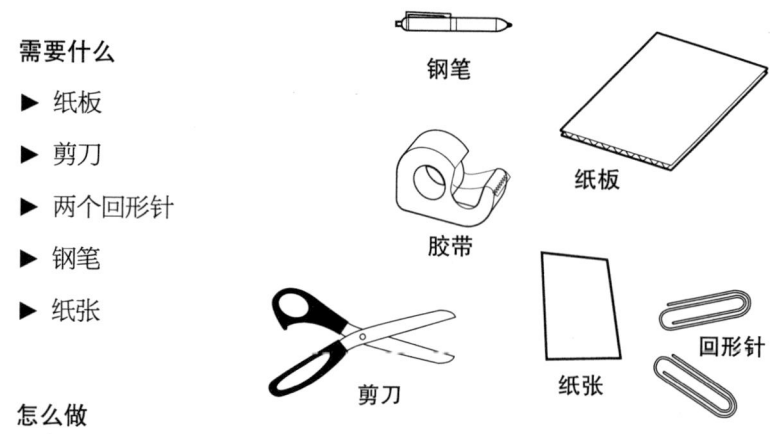

怎么做

从纸板上剪下一个1厘米×18厘米的条带,把剩余的纸板剪成一个矩形形状,如图2-10所示。

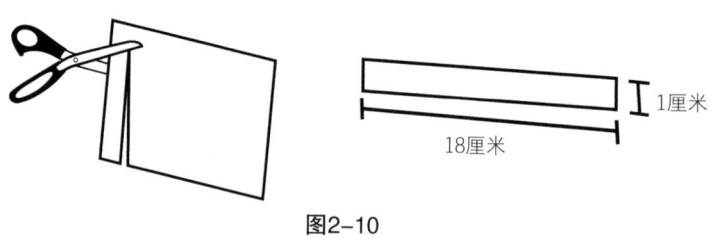

图2-10

将纸板的两侧往回折起2厘米使纸板能够竖直站立。接下来将两个回形针弯成C形,将其中一个挂在纸板的左上角,如图2-11所示。这将作为风速指示条的支架,然后用胶带将回形针固定好。

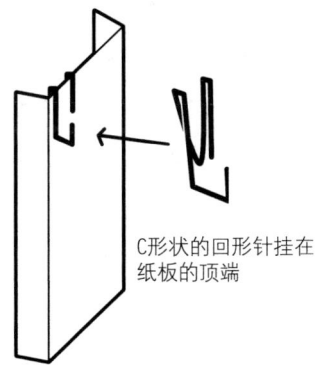

C形状的回形针挂在纸板的顶端

两侧折起使纸板可以站立

图2-11

将剪下的条带的一端折起2厘米,把它挂在纸板的回形针上,如图2-12所示。

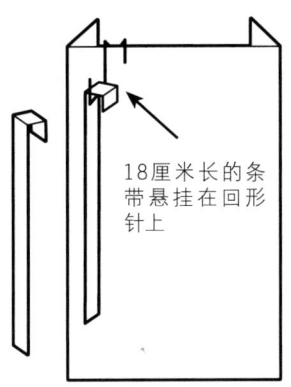

18厘米长的条带悬挂在回形针上

图2-12

将另一个回形针穿过纸板左下角距底部约8厘米的位置,作为指示条的归零位,如图2-13所示。

当有风的时候,将风速计朝向风向,条带会迎风飘动。在纸板上或在其表面所粘贴的一张白纸(该白纸使设计具有很强的灵活性)上,绘制有角度的线条,就像量角器的线条一样,如图2-14所示。

最后,要校准风速计,可以请你的朋友在开阔的区域驾驶,然后以各种速度行驶,并小心地将风速计放置在车窗外。标记纸板上的测量值以确定风速变化值。

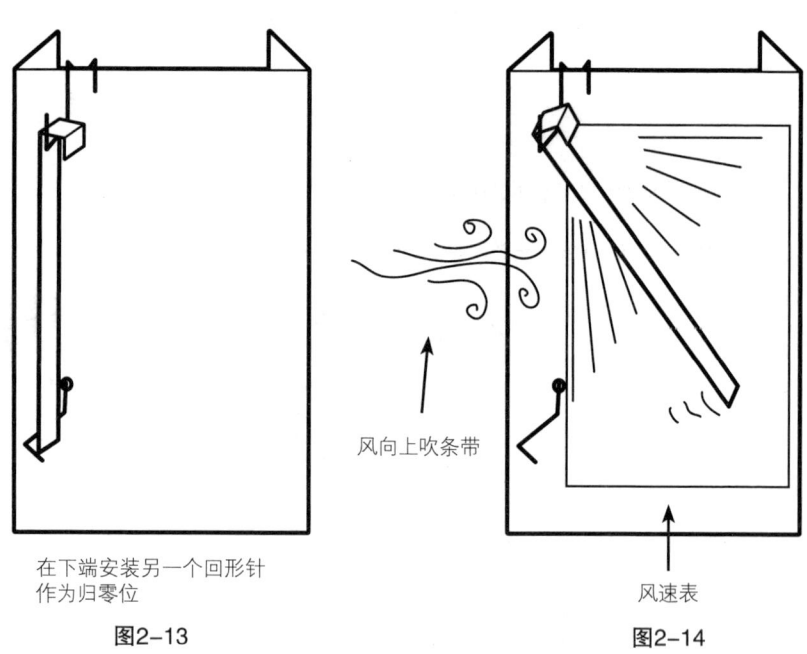

在下端安装另一个回形针作为归零位

图2-13

风向上吹条带

风速表

图2-14

奇妙的高度测量计

在窗户前观察远处的一栋高层建筑，你可能会好奇它到底有多高呢？你可能不能准确地猜测出来，但现在我们有一个更好的、更奇妙的方式来计算出答案。

本次实验使用的是一种被称为hypsometer的简单仪器（hyps在希腊语中表示"height"，height是高度的意思）来估计远处无法进行物理测量的物体的高度。当你知道你与物体间的距离和看到它的最高点的角度时，你就可以使用一个简单的数学原理来计算它的高度。

掌握这些知识后，你就可以用吸管、纸板和回形针制作一个奇妙的高度测量计。

需要什么
▶ 吸管
▶ 纸板
▶ 胶带
▶ 剪刀
▶ 带有厘米刻度的直尺
▶ 回形针
▶ 计算器
▶ 钢笔

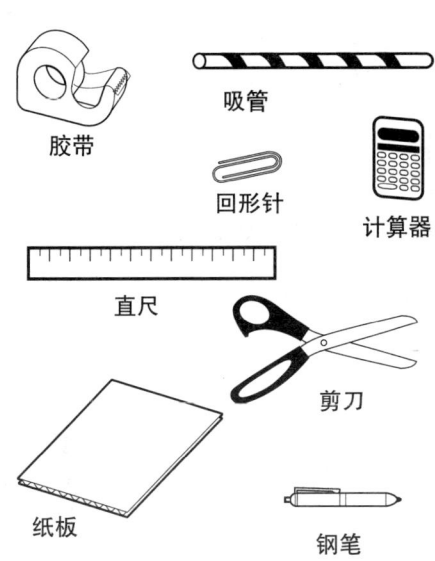

怎么做

将吸管水平放置在距离纸板顶部2厘米的地方，用胶带固定好。然后，在纸板右侧10厘米高度的地方刺出一个小孔，拉直回形针并弯曲一端，如图2-15所示。

将纸板顶端沿着吸管卷起粘好，将拉直的回形针钩入孔中，如图2-16所示。注意回形针要能够前后摆动，如图2-17所示。

接下来，在纸板下端回形针悬挂处下方从0写到12画上刻度，每个刻度间间隔为1厘米，如图2-18所示。

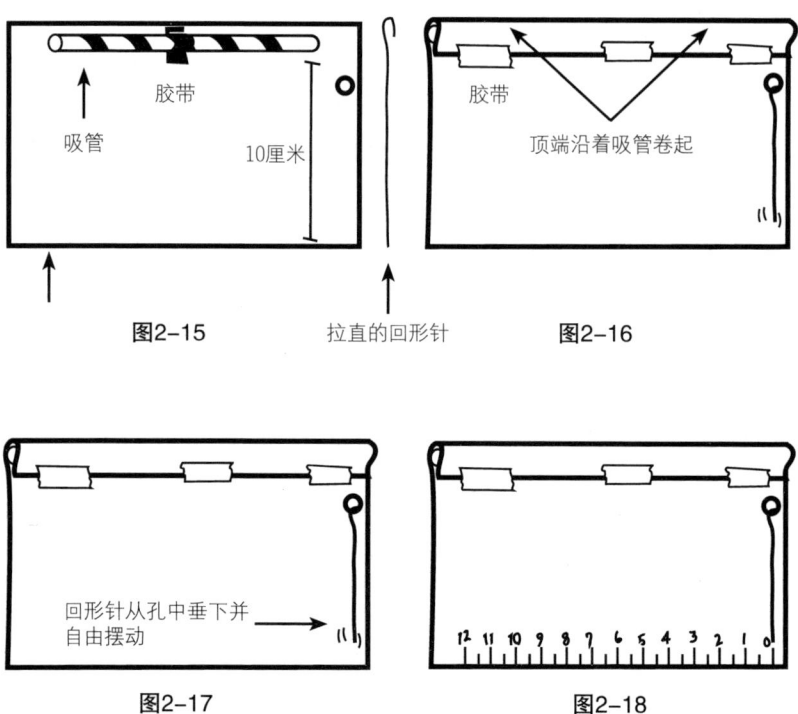

要测试高度计的准确度,你需要知道你离另一个人的距离。在这个例子中,用一只手握住纸板成一定角度,然后通过吸管观察位于3米远的你的朋友的头部。你会注意到当你倾斜头部(以及纸板的位置)时,回形针将以一定角度向左移动并垂直向下。查看回形针指向的数字。在这个例子中,它是数字1.5。

通过计算两者间的距离以及刻度板上显示的倾斜角度,你就可以计算你的朋友的身高了。

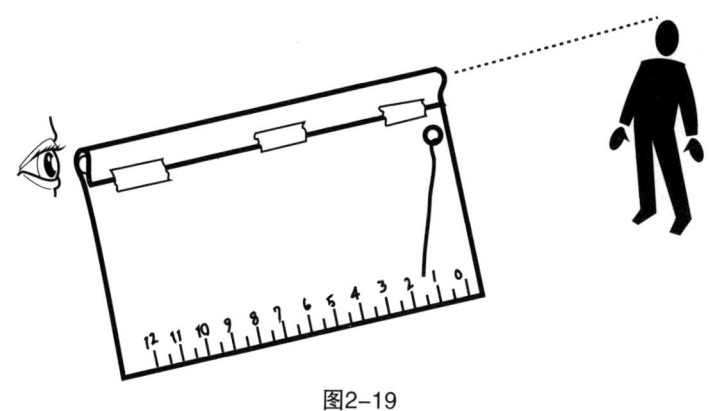

图2-19

注意:使用测高计可以更容易地计算公制测量值,因为它使用十进制的计数方式,而 英寸/英尺/码等都不太适合科学计算。 许多网站提供标准单位转换为公制计算器。如果你没有公制标尺,可以使用计算器和以下图表来帮助您估算:

1英寸= 2.5厘米

1英尺= 30厘米

3.3英尺= 1米

1 000米= 1公里

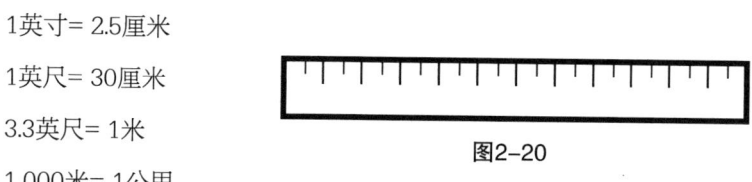

图2-20

1毫米= 0.001米= 0.04英寸

1厘米= 0.01米= 0.4英寸

你也可以将这些数字写在高度计背面,以便随时参考。

你需要两个指标来估算物体高度:视线高度以及纸板的高度。只需测量从头顶部到眼睛的距离(通常为9到15厘米),然后从你的身高中减去此数。例如,如果你的身高为170厘米,眼睛距离头顶10厘米,则眼睛高度为160厘米。纸板的高度是10厘米。利用这些数字,你就可以用高度计来估计你朋友的身高。

本例中把距离你朋友的距离(300厘米)乘以回形针指向的刻度(1.5)再除以纸板的高度(10),得到的结果加到你的视线的高度上,共计205厘米。

300 cm × 1.5 = 450 cm

÷ 10

= 45 cm

+ 160 cm

= 205 cm

你可以将此数字转换成标准英尺或英寸,大约82英寸高。

用高度未知的物体(如门、墙和建筑物)测试你的高度计,校准高度计提高测量精确度。

奇妙的电压表

电压表利用磁性吸引原理来测量电力的强度，电流流经的线圈将成为电磁体然后吸引附近的金属。

把金属片连接到可移动物体上，它将作为电力指示器。如果一块磁化金属在导线线圈附近达到平衡，它就可以用于指示流过导线的相对电压。

需要什么

- 纸板
- 剪刀
- 两个回形针
- 麦片盒
- 纸张
- 绝缘胶带
- 钢笔
- 细吸管
- 带绝缘层的铜线
- 尼龙绳
- 小磁铁
- 杂项电池（各种规格的电池）

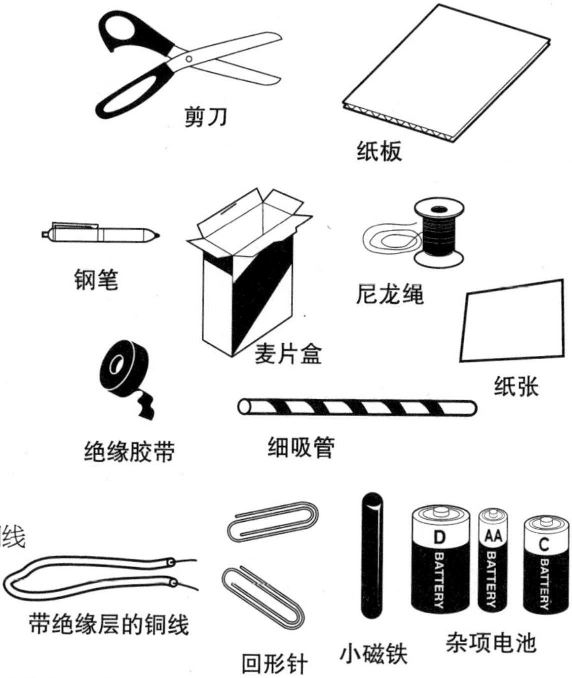

怎么做

首先，将一块纸板剪成18厘米×1厘米大小，一端切成斜面，如图2-21所示。这将作为电压表的指针。

切割一块18厘米×1厘米长的纸板，并将左侧切成尖角形状

图2-21

接下来，弯曲回形针的末端使其向外指，然后将其粘贴到麦片盒的右上角，如图2-22所示。

将一张白纸粘贴到麦片盒的左上角，绘制从右侧向顶部的指示线，如图2-23所示。

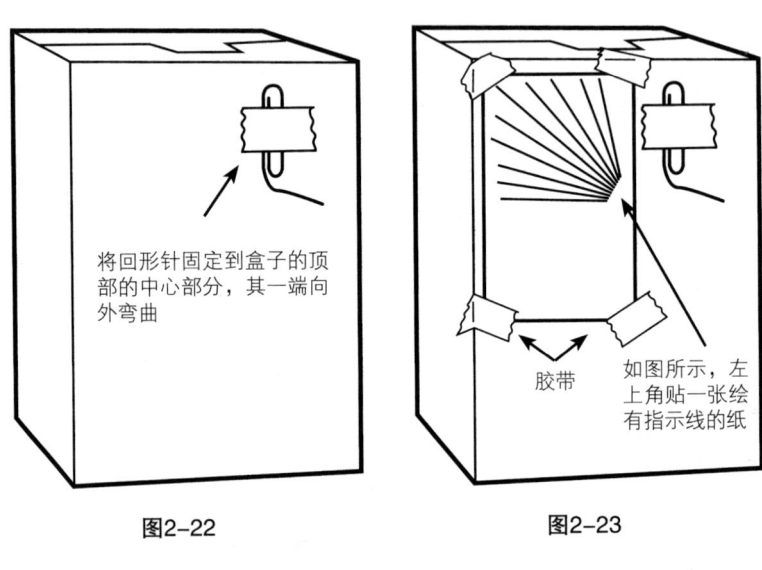

图2-22　　　　　　　　　　图2-23

接下来，在纸板指针的中心穿一个小孔并将其套在回形针上，如图2-24所示。

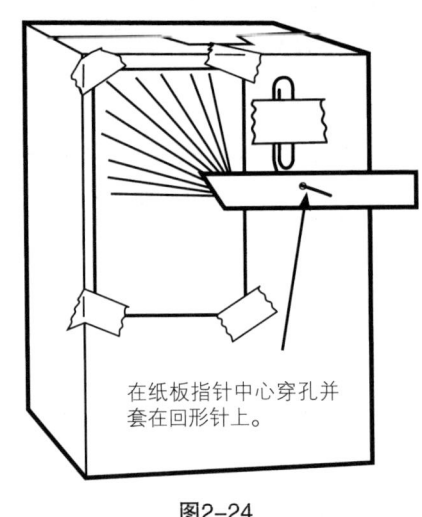

图2-24

剪一根5厘米长的吸管然后在上面缠绕上绝缘铜线，形成线圈。具体过程如下：首先在底端留下一段13厘米长的铜线，然后开始将线圈紧紧缠绕到另一端，如图2-25所示。如果绕完铜线之前到达吸管顶部，可将铜线拉至底部，然后再由下向上缠绕，直至绕完。根据实际需要使用胶带固定铜线。另外，剥去在底部留出的13厘米长的铜线外部的绝缘层，如图2-26所示。

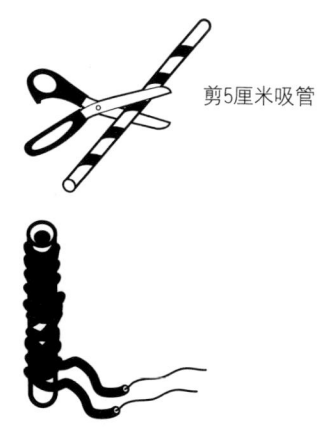

吸管一端留出13厘米长的铜线，然后从下至上缠绕铜线。

图2-25

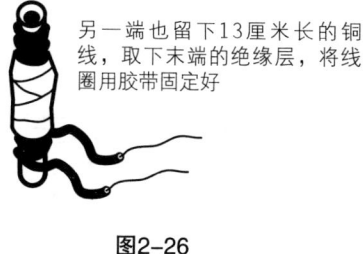

另一端也留下13厘米长的铜线，取下末端的绝缘层，将线圈用胶带固定好

图2-26

接下来，在指针的右下角打个小孔，将尼龙绳穿过孔并打结，然后拉直一根新的回形针，并在一端弯曲成一个小环。将尼龙绳穿过小孔并使得回形针在指针下方约10厘米的地方，转动指针的左端以平衡重量使得指针处在水平位置，如图2-27所示。

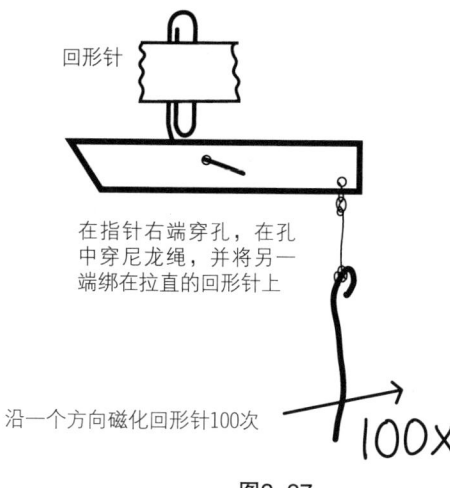

在指针右端穿孔，在孔中穿尼龙绳，并将另一端绑在拉直的回形针上

沿一个方向磁化回形针100次

图2-27

接下来，把悬挂在下方的回形针。往一个方向摩擦磁铁表面一百次，使它磁化。然后，用回形针的一端钩住线圈，这样测量仪就做好了。接下来，线圈和磁性回形针组成电磁线圈，当电流通过铜线时发生移动。在实验中，流经线圈的电流吸引磁化的回形针并将其向下拉。这又反过来拖动纸板的右侧指针，而左侧向上移动，这样就可以指向不同的刻度。

将铜线两端接到电池的正极和负极上。电流流经线圈，吸引回形针并将其向下拉。指针的左端向上移动，指示刻度盘上的电压值，如图2-28所示。

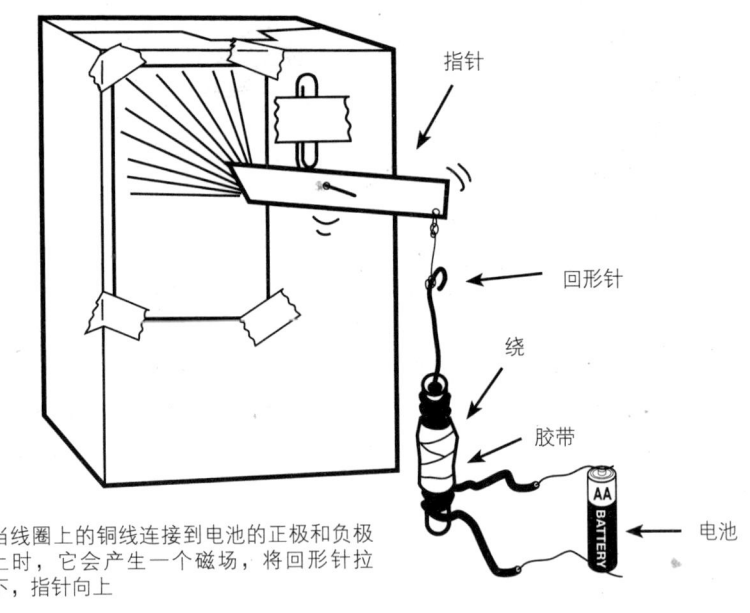

当线圈上的铜线连接到电池的正极和负极上时，它会产生一个磁场，将回形针拉下，指针向上

图2-28

第三章

奇妙的天文学和导航知识

我们可以在地球上的任意地方看见太阳、月亮和星星,它们可以为你提供关于你所在位置和目的地所在方位的信息。

在古代,研究天文学的两个主要目的是计时和导航。我们现在的计时和导航系统是基于天体运动的原理构建而成的。一天当中时间是基于太阳在当地天空中的位置来计算的,月份是月亮绕地球旋转一圈所需要的时间,而年份则是地球绕太阳一圈所需要的时间。现在用于计时的设备已经从日晷发展到先进的原子钟。

天体导航技术是利用太阳、月亮和星星来确定自己方位的艺术和科学。有史以来,人们一直在确定方向、寻找路线和位置,并将自己定位于天体的位置。随着无线电和电子技术的出现,天体导航知识逐渐衰落。

本章将会教你使用回形针、纸板、手表和铅笔等工具制作一些简单的仪器,这样,无论身处何地,无论是夜间还是白天,你都可以找到自己的方位。

奇妙的指南针

本项实验可以让你确定北磁极的位置（注意不是地理北极），你可以用一个回形针和磁铁迅速做出一个奇妙的指南针（或者如果你的衣服是由丝绸或合成纤维制成的，你可以用衣服来代替磁铁）。

需要什么
- ▶ 回形针
- ▶ 磁铁
- ▶ 笔帽

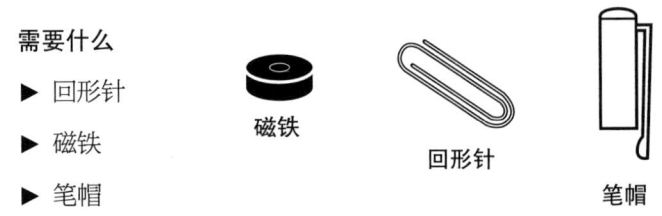

怎么做

你可以从各种日常用品中获得磁铁，例如，旧收音机、耳机、录音机扬声器、手摇式手电筒或一些助听器电池组，玩具车和其他设备的小型电机内部也有磁铁。将电机外壳与回形针多次摩擦会使其磁化。微型无线电控制车的前轮中间有一个用于转向的小磁铁，也可以用于本实验，如图3-1所示。

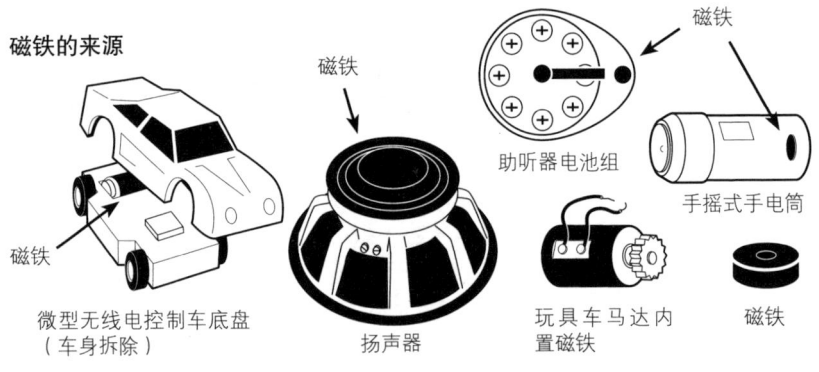

图3-1

首先,拉直回形针,弯曲成如图3-2所示的形状。然后,将磁铁沿着回形针的长端方向进行磁化,注意只能是往同一方向磁化。这可以使回形针内部的电子保持均匀对齐,如图3-3所示。

最后,将回形针的末端平衡放置在笔帽顶部,如图3-4所示。你会看到回形针会缓慢地向北或向南摆动。如果实际上指向南方,则下一次你必须将磁铁沿着另一个方向磁化。

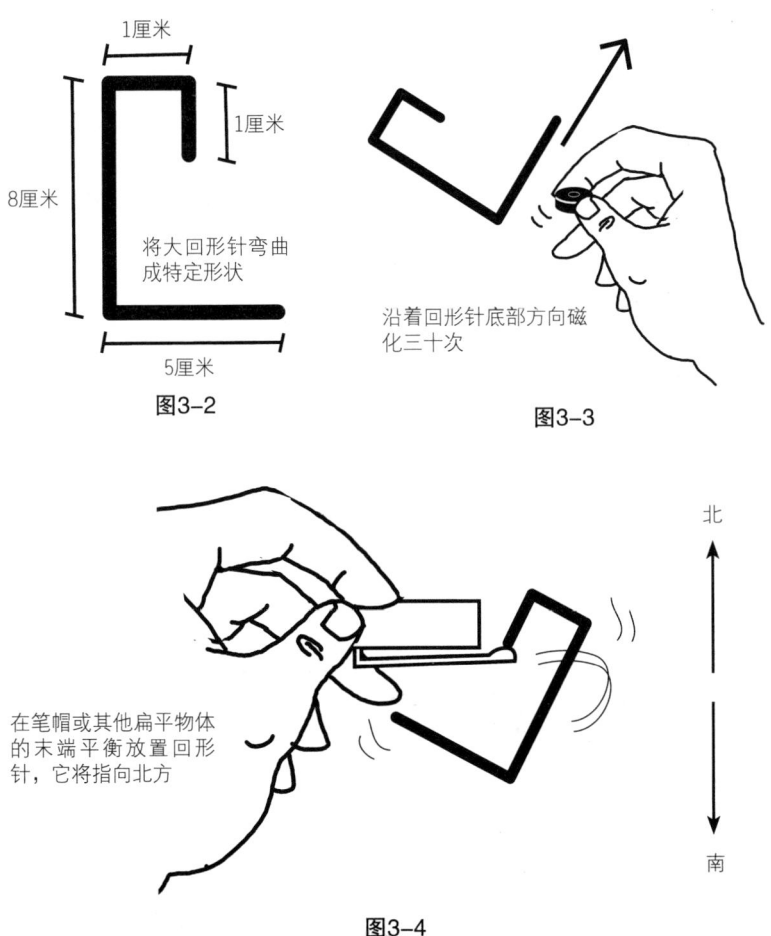

奇妙的日晷

日晷根据太阳在天空中的实际位置测量出的时间,被称为当地(或本地)太阳时间。正午是太阳在子午线上的精确时刻(这是一条从北向南穿过天顶的假想线,直接在天顶上),日晷投射出最短的阴影。正午前,当太阳进入子午线时,当地的太阳时间是antemeridian(或a.m.),意思是在子午线之前;而正午之后,当地的太阳时间是postmeridian(p.m.)(这里我们使用缩写)。

在人们使用发条时钟、模拟时钟或数字时钟之前,太阳是测量时间的主要手段。在过去,人们常常随身携带一个可折叠的日晷(还包含一个小罗盘)来定位北方。

本实验会利用一些简单的物品来制作一个奇妙的日晷,可以在家里和外出旅行时使用。

传统日晷

需要什么

- 量角器
- 钢笔
- 两块纸板
- 剪刀
- 铅笔

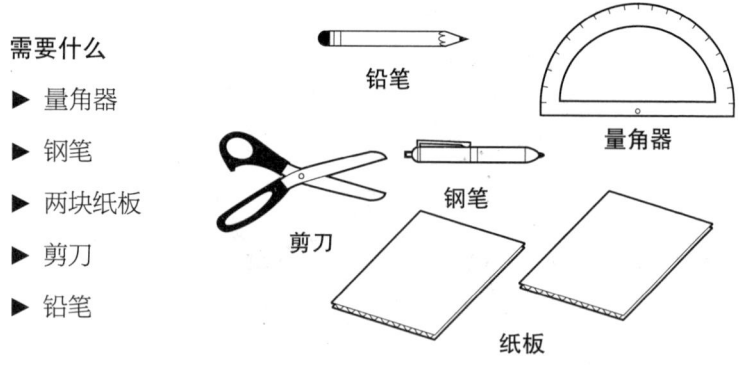

怎么做

在一个晴朗的日子,一支垂直竖立的铅笔可被视为粗糙的日晷,但是有一个问题需要克服,即太阳光在地球上不同纬度的不同照射角度。为了日晷的准确性,指针倾斜角度必须与你所在位置的纬度相同。

首先,检查书本附录的纬度列表,找到离你最近的城市(或者上网查找位置确切的纬度),用90减去纬度并记下该数字。例如,如果你居住在盐湖城或其附近(纬度为40度),那么你用90减去该数字,差值为50度。

然后,使用量角器在其中一块纸板上绘制两个直角三角形的图案,它们大小完全一致。三角形的一个角度为50度,另一个角度为40度。绘制完成后将它们剪下来,作为支架使用,如图3-5和图3-6所示。

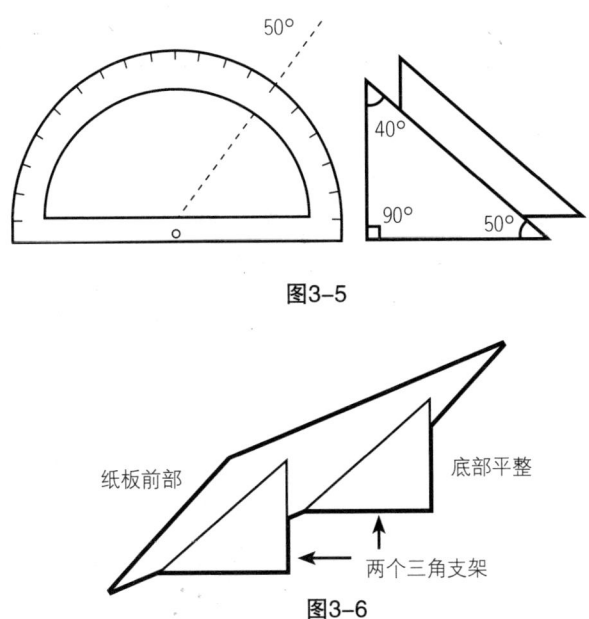

图3-5

图3-6

接下来,在你的日晷支架的正面绘制一个半圆形刻度,与量角器上的刻度相似。在支架的中心剪一个小孔,并将铅笔推过去,如图3-7所示。在晴空万里的日子里使用指南针让日晷平行于东/西方向会使日晷的使用效果更好。

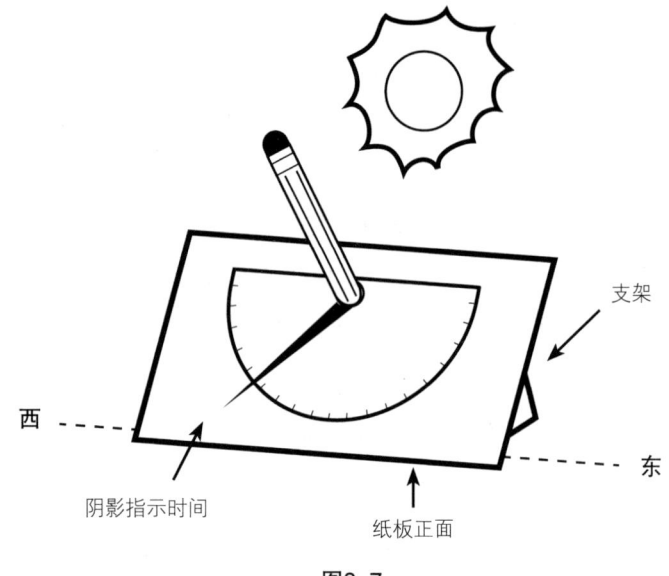

图3-7

请注意标记每小时出现的阴影位置,这样你就有免费的太阳能手表了。只要你知道了当前位置的纬度角和东/西方向,你就可以用各种日常物品制作一个日晷,比如杯子和吸管。

用杯子和吸管制作日晷

需要什么

▶ 带盖的大口杯
▶ 吸管
▶ 钢笔

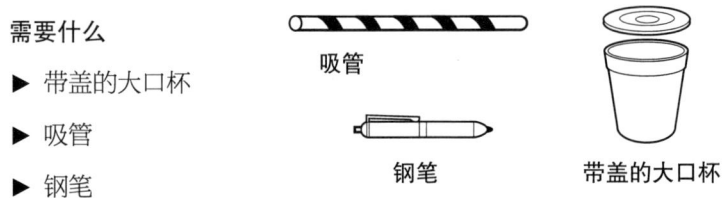

怎么做

你可以用一个宽口的杯子和吸管制作一个临时的日晷。首先,将吸管穿过杯盖上的孔。 然后,将杯子沿东/西方向排列,将吸管放置在合适的角度直到看到杯盖表面出现阴影。出现的阴影将从左向右移动，每隔1个小时在盖顶做好标记。这样一个简单的日晷就做好了，如图3-8所示。

图3-8

用手和铅笔制作一个日晷

需要什么

▶ 铅笔或者木棒

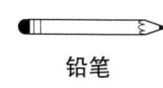

铅笔

怎么做

你可以在你的手中放置一根木棒或铅笔，只需要足够的练习，就能获得相当准确的时间。在阳光明媚的日子，在正午前后向东转身。正如传统的日晷制作小实验所述，你可以通过参考地球仪、地图或上网搜索等渠道来获取你所在地区的纬度。将铅笔放置在如图3-9所示的位置，手上的阴影表示一天的大致时间。这种方便的方法也适用于其他书写工具。

图3-9

额外的奖励：用月亮确定方向

在许多城市，由于烟雾和城市灯光的影响，你无法看到天上的星星，但通常月亮仍然可见。这里有一个神奇的方法用月亮来告诉你方向。

看看月亮，如果它处于月牙阶段，两点可见，那么你很幸运。简单地想象一条从月球延伸到地球的线，这条线所指的方向是南方（或接近南），如图3-10所示。

当然，相反的方向是北方。知道了南北方向之后，你就可以轻松地定位东西方向。

新月形月亮的"角"指向南方

图3-10

奇妙的四分仪

你在前一章中制作完成的高度计不仅仅可以用于确定高度,在这一节中,我们将要用它来制作一个新的装置。这个装置可以用来确定纬度,让你知道你是处于赤道北部还是南部。这个神奇的装置,我们叫它四分仪,也被称为六分仪或星盘。

你如何通过观察星星来确定自己的位置?就像你使用高度计通过吸管观察物体并测量仪器上的读数一样,你可以通过观察北极星或极星并读取不同的仪表值来确定高度角(赤纬角)。通过测量北极星的仰角,你可以确定你当前所处位置的纬度。

需要什么

▶ 高度计
▶ 量角器
▶ 胶带

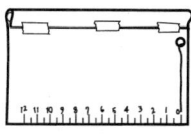
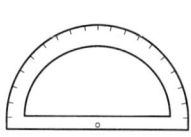

胶带　　　　高度计　　　　量角器

定义

纬度(北纬为正数,南纬为负数)是指过椭圆球面上某点作法线,该点法线与赤道平面的线面角,其数值在0到90度之间。位于赤道以此的点的纬度叫北纬,记为N;位于赤道以南的点的纬度称南纬,记为S。

纬线同经线一样是人类为度量方便而假设出来的辅助线,定义为地球表面某点随地球自转所形成的轨迹。任何一根纬线都是圆形而且两两平行。

纬度线之间的距离

如果将地球的周长（大约40 076千米）除以360度，则每个纬度间的地球表面距离刚好超过111千米。在纬度为90度的北极，北极星在头顶上方。在纬度为0度的赤道上，北极星在0度高度的地平线上。在赤道和北极之间，它在地平线以上的角度是对地面纬度的直接测量。

在远古时代，当航海家离开本国港口时，会简单地测量北极星的高度，他们是采用本实验的方式来计算纬度的。在经过漫长的航行后返回，他只需适当的向北或向南航行，然后酌情左转或右转并"横跨纬度航行"，保持与北极星在一个恒定的角度就可以了。

海军的四分仪，是由木头或黄铜制成的四分之一圆圈，在1450年左右被广泛用于导航，然而它的使用记录至少可以追溯到1200年。使用你的四分仪来测量北极星的高度并计算你的纬度。

注意：量角器跨度为180度。有几个星星对导航很重要，但最著名的导航星是北极星和南十字星。北极星是大熊座星座的一部分，通常称为小北斗星。南十字星是由四颗星组成的星座，其中两颗指向地球南极。

怎么做

如图3-11所示,在高度计顶部中心附近打一个孔,将回形针放入其中。

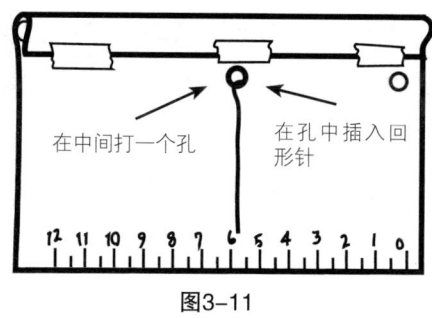

图3-11

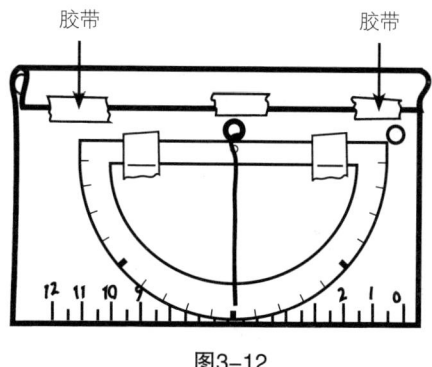

图3-12

然后,将量角器翻转倒置,使0位于左侧。将量角器贴到高度计的中心,使回形针指向90度,如图3-12所示。

你现在的纬度等于90度减去回形针上量角器指示的角度,如图3-13所示。在一个晴朗的夜晚,找到北斗七星(也称为大熊座星座)。小北斗星位于北斗七星的正上方。北斗七星的最右边的两颗星指向了小北斗的"手柄"上的一颗星星。

可以肯定的是那就是北极星。寻找小熊座右侧的仙后座星座。仙后座形成W形，位置最低的恒星也指向北极星。（北斗七星和仙后座一起"挡"住北极星）

如果你位于北极，北极星将直接在头顶正上方的夜空中。如果你利用四分仪直接看到它，回形针会摆动到0度标记。

如果你在赤道上用四分仪看北极星，它将出现在地平线上，并且量角器上的读数将是90度，因为回形针是垂直向下的。在北极星和赤道之间的中点处，量角器的回形针会显示45度。

已知洛杉矶处在北纬34°的位置上，所以当你通过吸管看到北极星的时候量角器会显示56°；90°−56°=34°。

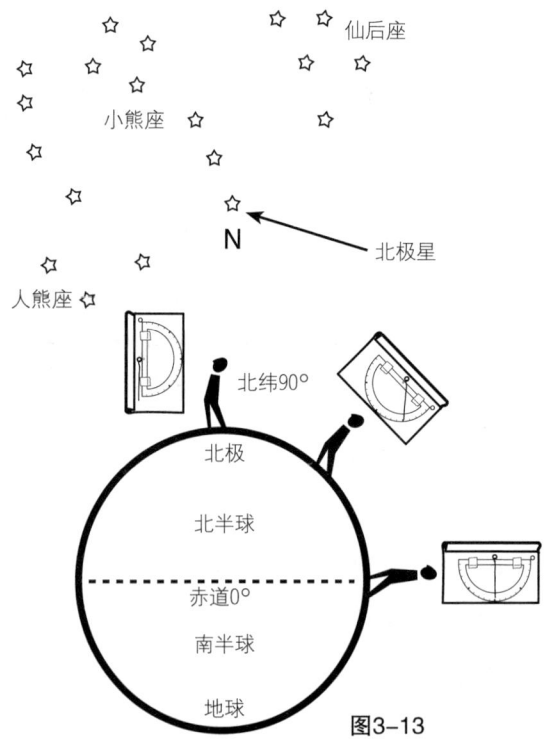

图3-13

奇妙的确定方向的技巧：手表

如果你在没有罗盘的情况下搁浅，也不要害怕迷路。即使没有指南针，也有许多方法可以在荒凉的地区找到方向。

需要什么

▶ 标准的非数字手表

▶ 晴天

非数字手表

怎么做

太阳总是在东方升起，在西方落下。你可以基于这个事实利用标准的非数字手表来确定南北向。如果你位于北半球（赤道以北），请让手表的时针指向太阳方向，时针和12点之间的中点就是南方，如图3-14所示。

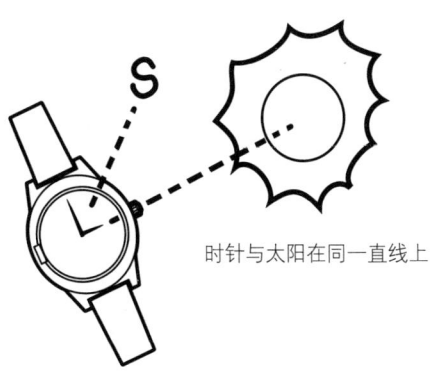

时针与太阳在同一直线上

图3-14

奇妙的确定方向的技巧：星星

需要什么

▶ 一个可以清楚地看到星星的夜晚

怎么做

假设我们处在北半球，先找到天空中的北斗七星，如图3-15所示。北斗七星前面的两颗星指向北极星。（大约是组成北斗七星前部的两颗恒星之间的距离的四倍）。然后沿着北极星的方向向下延伸到地面，这个方向是北方。

而如果处在南半球，先找到南十字星座，如图3-16所示。注意星座下面的两颗星。从这两颗星延伸出连线的垂直平分线，再从南十字星座延伸出连线，找到它们相交的地方。沿着这个交点竖直向下，这个方向是南方。

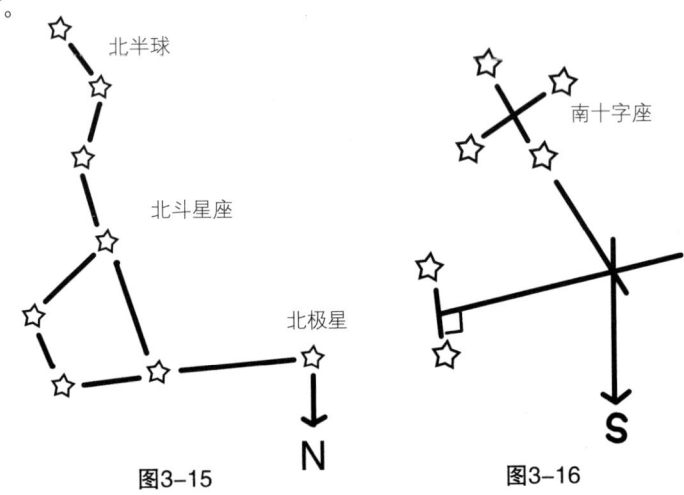

图3-15　　　　　　　　图3-16

奇妙的确定方向的技巧：枝条

需要什么

▶ 一根长枝条

▶ 岩石

怎么做

在晴朗的一天，你可以通过阴影判断东南西北。如图3-17所示，将一根枝条竖立在地上。注意它投下的阴影，并用岩石标记阴影的顶端。

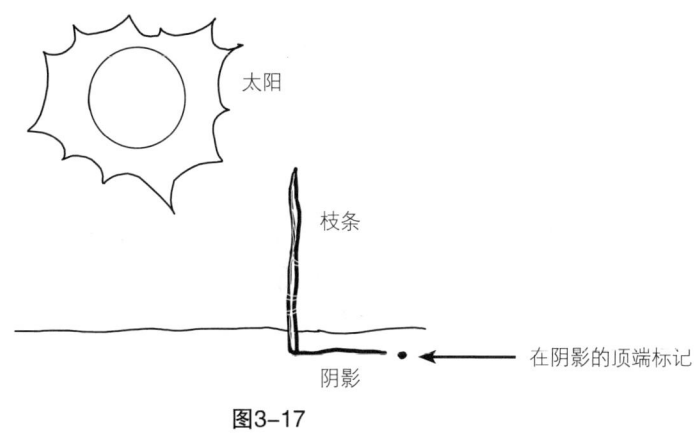

图3-17

等待大约十五分钟，然后注意出现的影子的新位置，请标记它的顶端，如图3-18所示。在两个标记之间绘制一条虚线，这是东西线（西是第一个标记点，第二个标记点是东）。你可以在这条东西线上绘制一条垂直的实线或者虚线，这就是南北方向，如图3-19所示。

15分钟以后

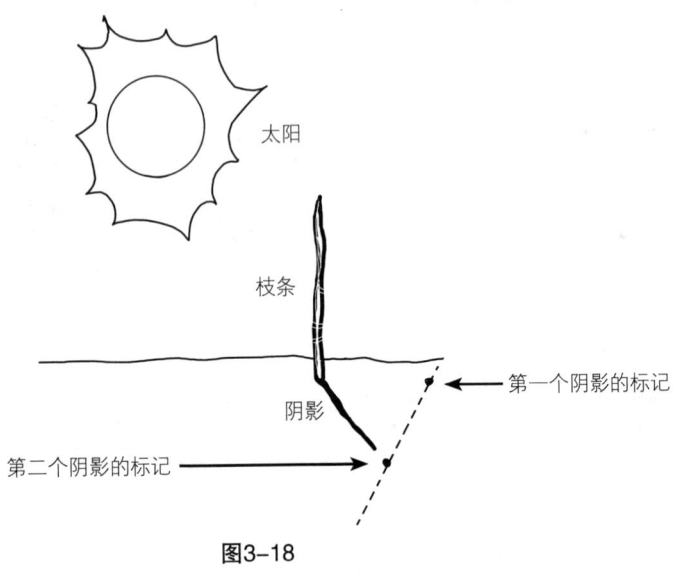

图3-18

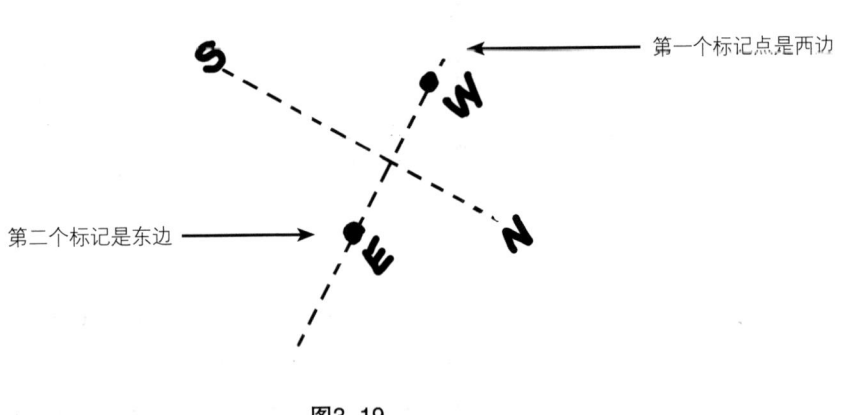

图3-19

第四章

奇妙的魔术技巧

　　魔术师用特殊道具和舞台设备来展现各种各样的表演以吸引眼球。利用奇妙的技巧，你也可以在科学展上表演魔术。

　　本章你将学习如何使用日常物品制作这些奇妙的魔术装置，在表演时获得夸张的效果，如使物品在你的手指上保持平衡；神奇地悬浮物体；通过意念控制物品等。

　　而且你也将学会一些无须特别准备的技巧，如用一美元的钞票平衡硬币、移动艺术品和悬浮图片等奇妙的操作。

　　与那些欺骗观众并且必须保密的魔术不同，你可以与别人一起分享这些奇妙设计的科学原理和技术。

平衡汽水罐

在这个令人惊讶的技巧中,汽水罐可以在平面或手上以45度角保持平衡。

需要什么

- ▶ 汽水罐
- ▶ 水

汽水罐

水

怎么做

首先,从罐中倒出三分之二的苏打水,如图4-1所示。如果你用的是空罐子,则往罐中注入三分之一罐身的水。

接下来,将罐子倾斜,使其保持在原位,如图4-2所示。如果罐子不能保持平衡,请添加或倒去部分液体,直到罐子处于平衡状态。

你可以在平面上或者用手指进行表演以产生戏剧效果,不过需要多加练习才能保持罐子的平衡。

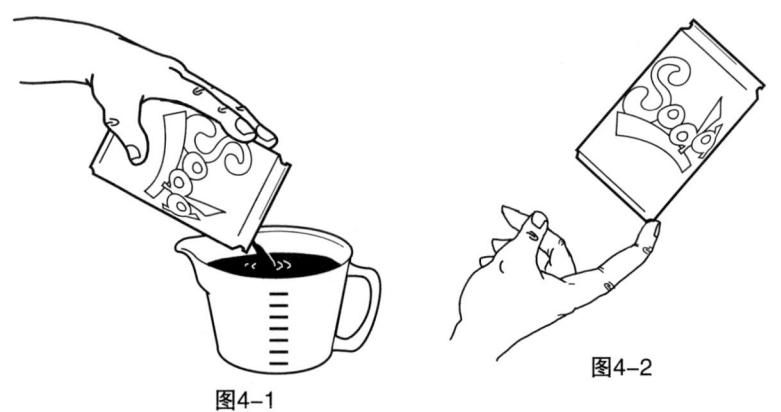

图4-1

图4-2

两本嵌入的书

邀请一个朋友,最好是一个强壮的朋友,当他无法完成这样一个看似简单的任务时,你可以接受这个简单的挑战并从中发现乐趣。

需要什么

▶ 大小相近的两本平装书

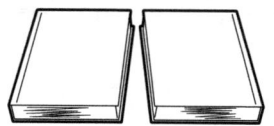

两本平装书

怎么做

首先,如图4-3所示放置书本,使其彼此相对。

图4-3

然后,使用拇指拉起书页并让它们交替下落,如图4-4所示。接下来,当两本书的所有页面都落下后,将书本缓慢地滑到一起,直到它们重叠为止。按下并压紧顶部书本封面以去除页面间大部分的空气,如图4-5所示。

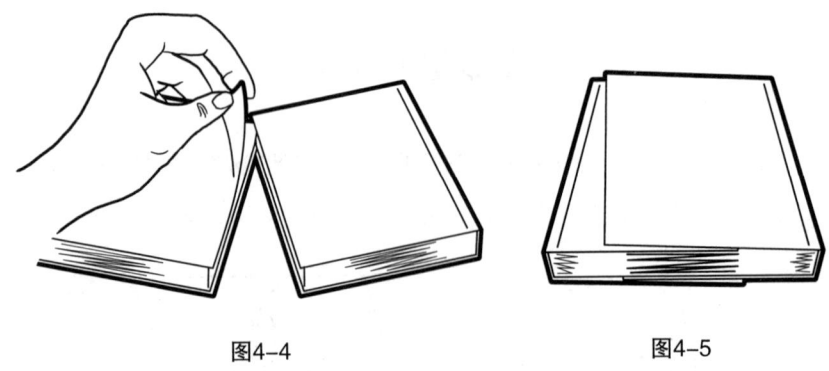

图4-4　　　　　　　　　　图4-5

最后,请你的朋友把这两本书分开。他肯定无法做到这一点,因为书本周围的空气压力和摩擦力使书籍几乎不可能分开,如图4-6所示。

要分开这两本书,你必须先弄皱页面以减少空气压力和摩擦力。不停抖动书本,你会发现两本书慢慢分离开来。

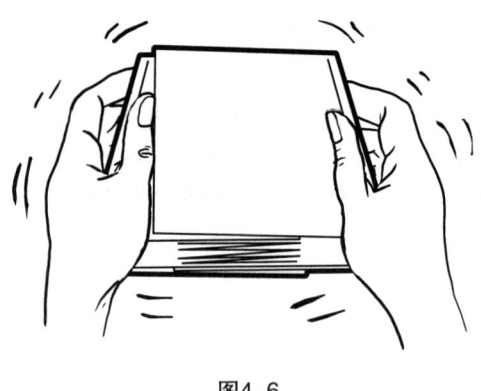

图4-6

神奇的纸币运动

你可以通过不直接接触纸币而移动它的方式来让你的朋友感到惊讶。为了证明这不是一个骗人的把戏,也可以用别人的纸币来操作。

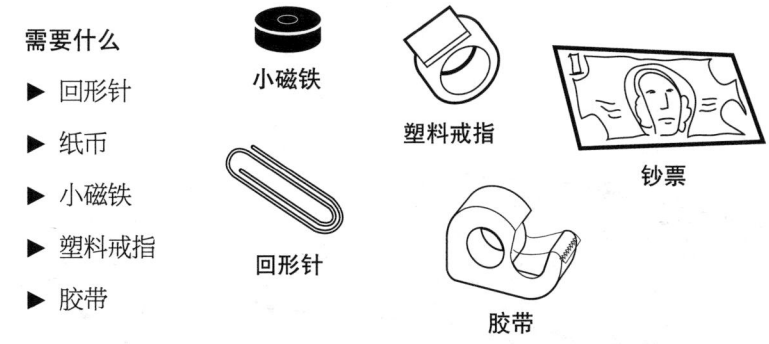

需要什么
- 回形针
- 纸币
- 小磁铁
- 塑料戒指
- 胶带

怎么做

如图4-7所示,将回形针弯曲成一个小型垂直支架。纵向折叠然后展开纸币,再将纸币对半折叠并展开,如图4-8所示。

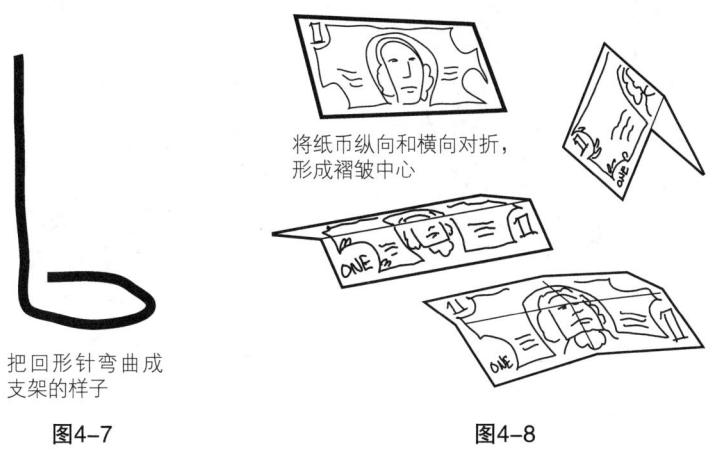

把回形针弯曲成支架的样子

图4-7

将纸币纵向和横向对折,形成褶皱中心

图4-8

将纸币放在回形针支架的顶部，以便保持平衡和自由旋转，如图4-9所示。然后，将磁铁贴在塑料戒指的顶部，如图4-10所示。将戒指戴在手指上，使磁铁处于手掌内侧，如图4-11所示。

最后，在纸币上方用你的手画圆。纸币会跟着手旋转，因为许多纸币当中都含铁颗粒。美国、英国、欧盟、俄罗斯和巴西的纸币都是如此，如图4-12所示。

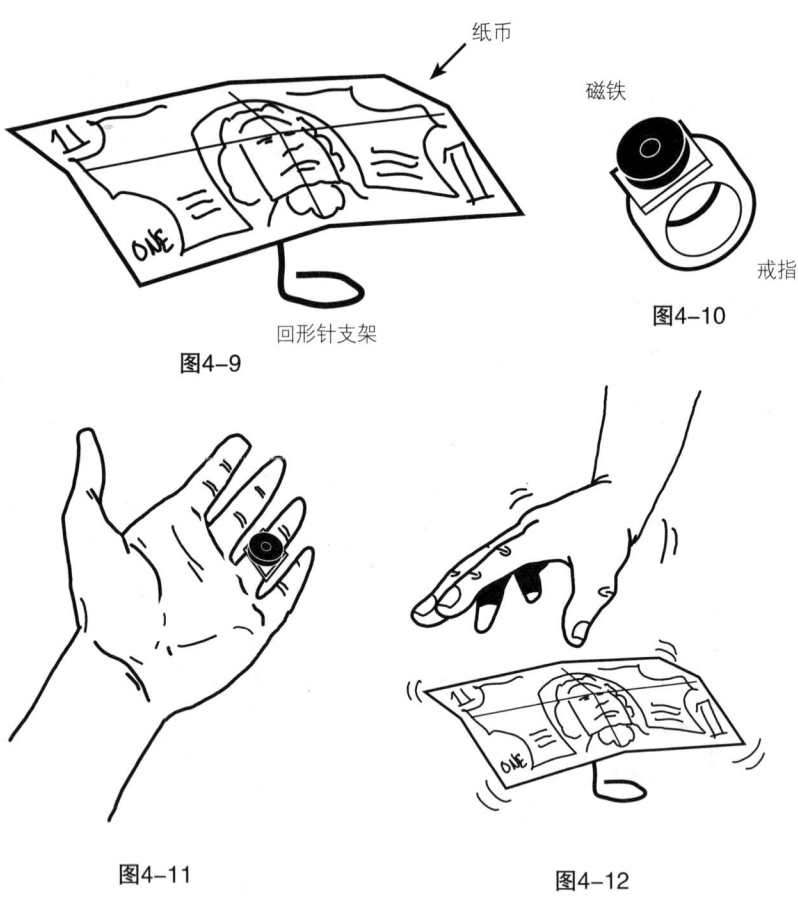

静电技巧

如果你将两个物体相互摩擦,则一个物体的电子粒子将转移到另一个物体上,并带更多的负电荷,这个物体反过来变得带正电。这种电荷转移(导致正负电荷不平衡)的现象被称为静电。

当天气凉爽干燥时,静电可以在瞬间爆发出能量。你可以在家中使用普通物品利用静电做一些有趣的魔术实验。

盐悬浮

需要什么

- ▶ 盐
- ▶ 餐巾布
- ▶ 塑料勺
- ▶ 羊毛衫

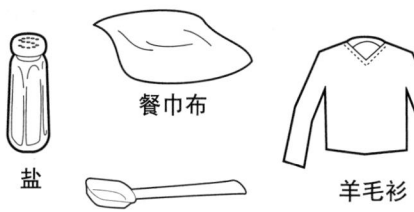

怎么做

把盐倒在餐巾布上,然后将塑料勺子在毛衣(或你的头发)上来回摩擦至少三十次。将勺子放在盐附近,可以观察到盐颗粒神奇地跳起来并粘在勺子底部,如图4-13所示。

图4-13

弯弯的水流

需要什么

▶ 塑料勺

▶ 羊毛衫

▶ 自来水

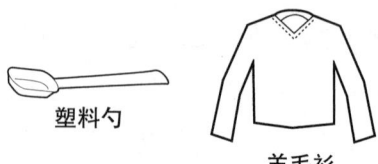

怎么做

将勺子在羊毛衫上摩擦大约十五次,打开水龙头产生一个非常小的水流,把勺子放在水流中心附近。仔细观察,你会发现水会朝向勺子的方向弯曲,如图4-14所示。勺子为什么会吸引水流,原因是流动的水携带有少量的电能。

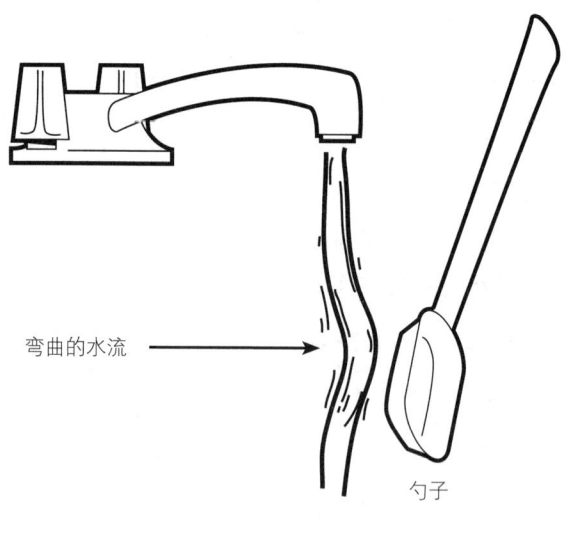

图4-14

汽水罐磁铁

需要什么

- ▶ 气球
- ▶ 羊毛衫
- ▶ 汽水罐
- ▶ 表面光滑的工作台

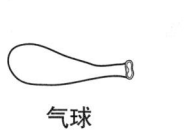

气球　　　汽水罐　　　羊毛衫

怎么做

把气球在你的毛衣上摩擦，然后将空的汽水罐放在桌面上（没有桌布）。慢慢地把气球靠近罐子，你会看到罐子移动。小心地将气球拉向你，罐子将跟随气球移动，如图4-15所示。

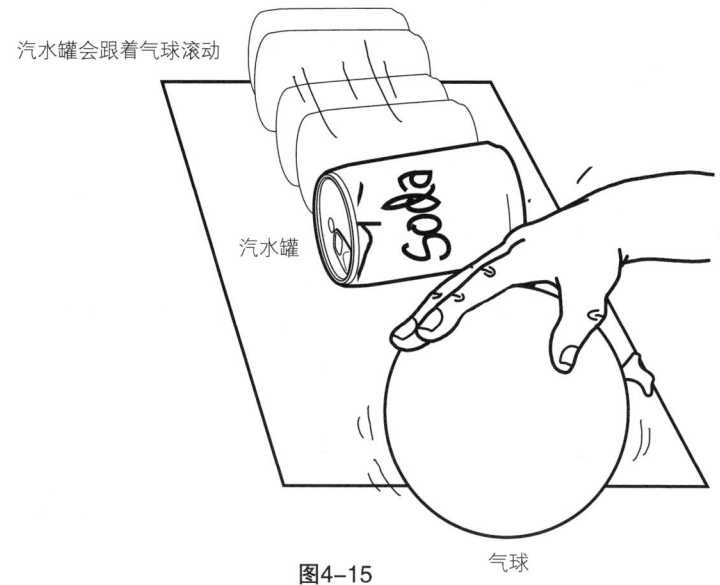

汽水罐会跟着气球滚动

汽水罐

气球

图4-15

会跳跃的青蛙折纸

虽然折纸很有趣，但立体的模型会带给我们更多的乐趣。

只需要几张纸，就可以制作一个可爱的青蛙模型，当你轻轻按下它的时候，青蛙会高高跃起。

需要什么

▶ 纸张

▶ 剪刀

▶ 钢笔

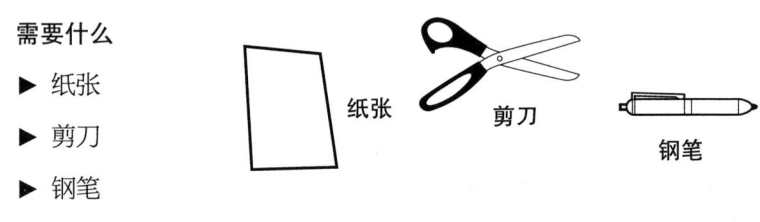

怎么做

剪一张面积为25平方厘米的纸。将纸张水平和竖直对折，然后展开，如图4-16所示。将拐角部分向中心折叠，如图4-17所示。然后，将左右两侧折叠到中心，如图4-18所示。

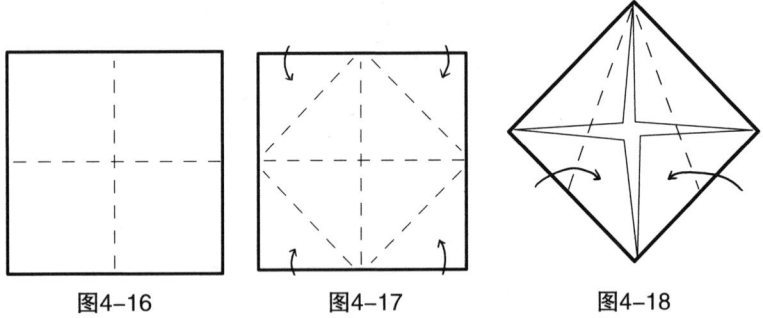

第四章　奇妙的魔术技巧

接下来，将底部向上折叠，如图4-19所示。再将底部左右两侧的部分向中央折叠，如图4-20所示。

最后，将底部向上折叠，然后再次向下折叠，如图4-21和图4-22所示。完成后，你可以用铅笔在模型上画出青蛙的眼睛来吸引别人的注意。

要使青蛙跳跃，只需将其向下压然后松开手指，小青蛙跳入空中，如图4-23所示。

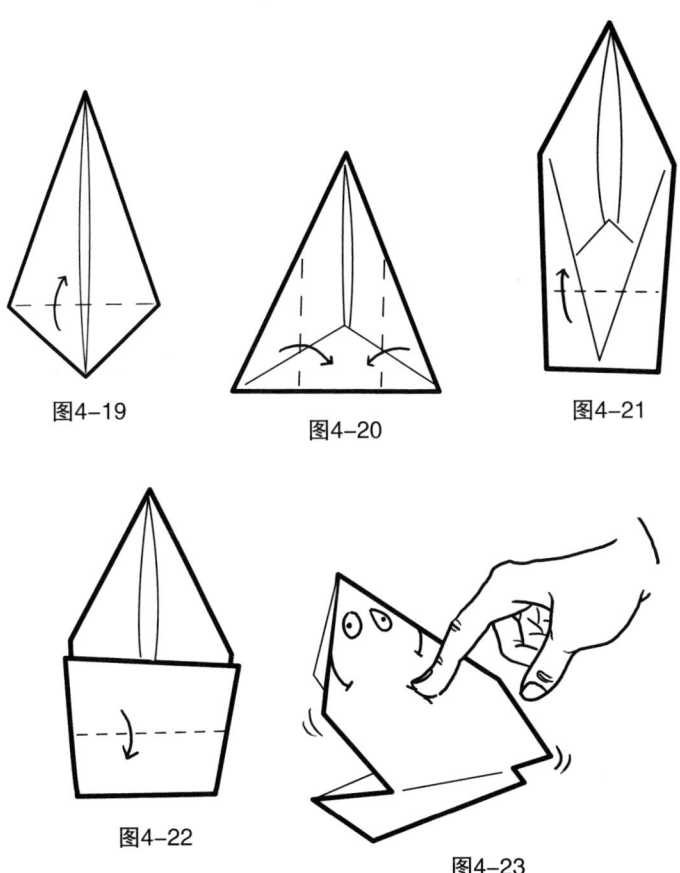

图4-19　　　　图4-20　　　　图4-21

图4-22　　　　图4-23

利用盒式磁带创作的动画

磁带用于记录和回放录音。磁带里的微小铁粒与磁带头记录的声音信号是一致的,而在回放声音的时候,磁带中的磁带头划过磁化材料,磁带头内有线圈,信号被录音机检测并放大,产生声音。

你可以用胶带做一些奇妙的工艺设计,然后用强磁铁制作动画。

需要什么

- 盒式磁带
- 强磁铁
- 纸板
- 铅笔
- 胶水
- 剪刀

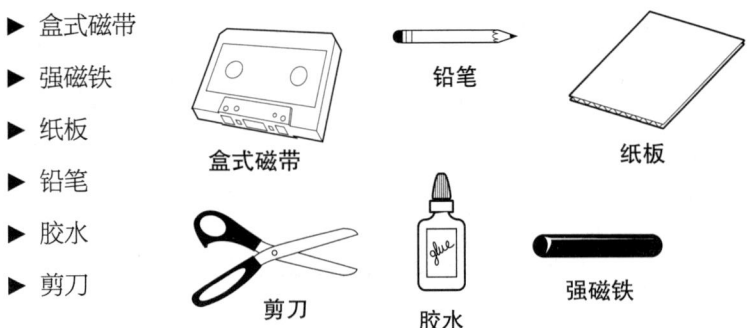

怎么做

首先,绘制一张你想要的图。比如,一个男人的图像,如图4-24所示。

图4-24

接下来,将磁带条剪成5到8厘米的条带,并在磁带条的一端附上胶水。如图4-25所示,按下图将条带做成人物的头发和胡须,然后干燥30分钟。

图4-25

然后,在靠近头顶部的图纸上放一块磁铁。如图4-26所示,由条带制成的"头发"将立起。使用不同的图画和胶带你也可以制作其他的动画图。

图4-26

重新变满的汽水罐

如果表演得当,这个技巧会让旁观者大吃一惊,因为他们会觉得除非你有真正的魔法,否则你就不可能做到这一点。本实验中,你从垃圾桶里拿出一个破易拉罐,摇动它,然后神奇地把它变成一个密封的、完好无损的、可以打开并能倒出苏打水的新罐子。

需要什么

- 黑色纸
- 剪刀
- 未开封的汽水罐
- 胶棒
- 标准螺丝刀

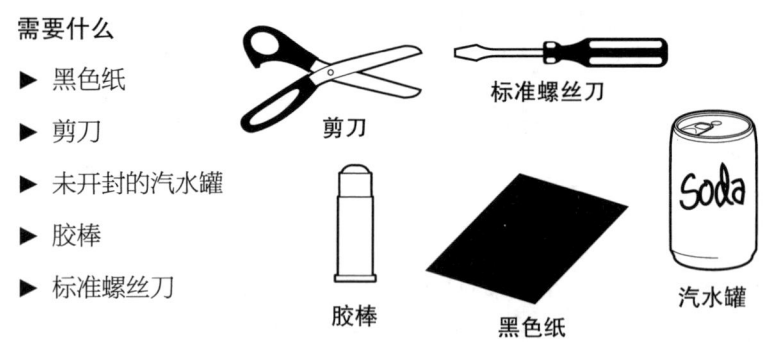

怎么做

将一张黑纸裁剪成与罐的开口相同的形状,并将其粘贴到罐上,如图4-27所示。

小心地转动易拉罐,用螺丝刀将罐子顶部刺破,形成一个小孔,倒出三分之一的苏打水,如图4-28所示。

弄旧罐子,使它看起来像是丢弃了的,将汽水罐放置在垃圾桶顶部让别人很容易看见,如图4-29所示。

图4-27 用胶水把纸贴在罐头开口上

图4-28 用螺丝刀在罐顶附近刺出小孔

图4-29 稍微弯曲一下,放在垃圾桶上

现在,向朋友展示一个看似空了的罐子,并告诉他们你可以使它恢复正常。随便拿起它,并展示已经"打开"的开口(其实只是一张黑色纸贴在上面),表明它是"空的"。接下来,手臂伸直,用你的拇指盖住顶部边缘附近的开孔,大力摇晃罐子,如图4-30所示。大约一分钟后,罐中的二氧化碳将与苏打水混合,导致罐头膨胀至正常形状,如图4-31所示。

快速取下覆盖在开口上的黑色纸张,并将其藏在手中,如图4-32所示。然后,打开罐子开口倒出剩余的苏打水,让它看起来像是装满了苏打水一样。

图4-30 拇指盖住"空"罐的洞,晃动它

图4-31 晃动使罐头恢复至正常状态

图4-32 快速(秘密地)取下黑纸

奇妙的平衡纸币技巧

让你的朋友尝试用一张对折过的纸币来平衡一枚硬币。当他们做不到的时候，而你拿着同样的纸币，硬币却会安稳地放着。等你学会了这个奇妙的技巧之后你会发现这是如此简单！

需要什么

▶ 纸币
▶ 一枚硬币

纸币　　　　　　硬币

怎么做

如图4-33所示，纵向折叠纸币，然后将纸币从右向左折叠，如图4-34所示。展开纸币，直到折叠打开的角度为45度的时候将硬币放置在顶部，如图4-35所示。

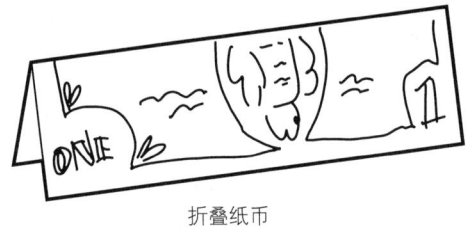 

折叠纸币　　　　　　　　　再次折叠纸币

图4-33　　　　　　　　　　图4-34

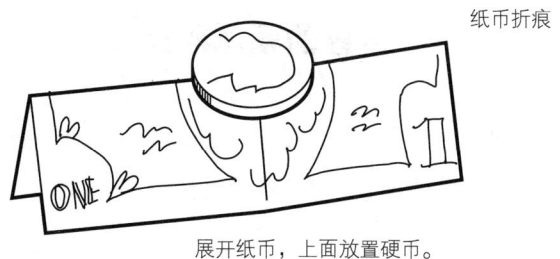

展开纸币,上面放置硬币。

纸币折痕

图4-35

现在小心地用双手拉动纸币,但始终使其保持近直线的状态。通过反复练习,你就可以防止硬币脱落,如图4-36所示。纸币中的第二个折痕提供了一个平衡点,可以防止硬币倾斜到任一侧。

因为折痕的缘故,即使拉动纸币硬币也会保持平衡。

图4-36

奇妙的飘浮照片

只需几件简单的物品,你就可以为你最喜爱的照片制作浮动显示框了。你的朋友们会对这种抵消了重力的现象感到惊叹。

需要什么

- 茶叶盒
- 剪刀
- 黑色纸
- 胶棒
- 胶带
- 强磁铁
- 回形针
- 细黑线
- 两张小照片

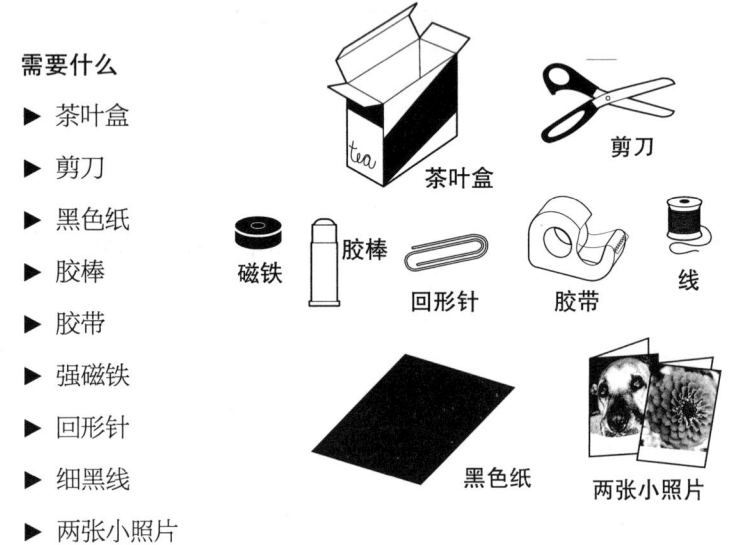

怎么做

展开茶叶盒,剪掉侧面和上端的部分,如图4-37所示。用黑色纸盖在纸盒上,用胶水将它们固定好并干燥,然后在纸上剪出与纸盒相同的狭缝,如图4-38和图4-39所示。

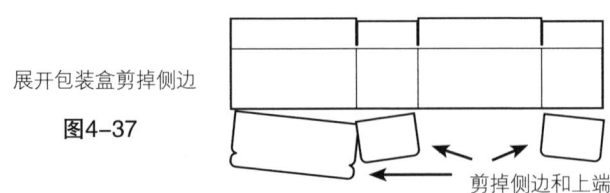

展开包装盒剪掉侧边
图4-37

第四章 奇妙的魔术技巧

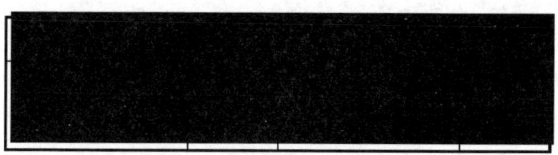

将黑色纸剪成纸盒相同的尺寸并粘在一起

图4-38

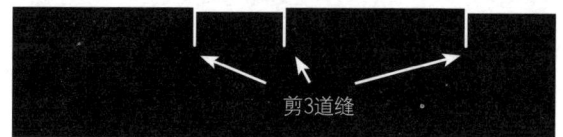

剪3道缝

在黑色纸上剪3道缝，与茶盒上的缝相匹配

图4-39

将茶叶盒折叠成形并将其黏合牢固。盒子黑暗的内部是展示照片的地方。将磁铁粘贴到盒子的内部顶端，并用一小块黑色的纸覆盖住，如图4-40所示。

将细黑线系在回形针的末端，然后用两张照片盖住回形针并将它们粘在一起，如图4-41所示。

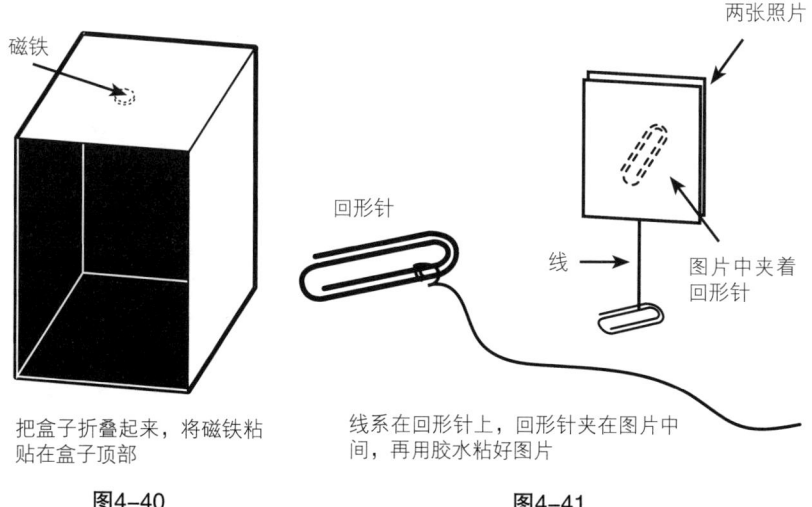

把盒子折叠起来，将磁铁粘贴在盒子顶部

图4-40

线系在回形针上，回形针夹在图片中间，再用胶水粘好图片

图4-41

113

将线的末端固定在底部，拉直线的同时回形针距盒顶有15厘米的距离，将照片抬到顶部并放开。由于盒子内部的回形针被磁铁吸引，所以照片会飘浮在半空中，如图4-42所示。（如有必要，请适时调整线的长度）因为黑色细线在黑色背景下几乎看不见，所以照片看起来像失了重力一般。

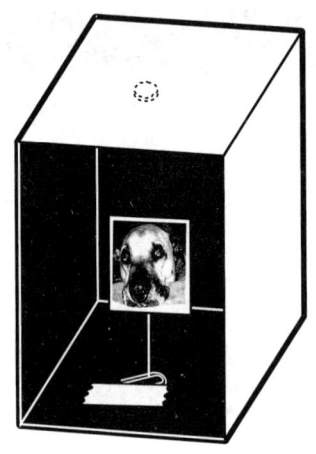

线一端固定在盒子的底部，照片会像失了重力一样飘浮

图4-42

双浮动照片展示

浮动照片非常有趣且引人注目。当两张照片间贴有磁铁时,它们将互相吸引并悬浮在半空中。在这里,我们将做一个实验,让两张照片悬浮起来。

需要什么

- 硬金属丝
- 钳子
- 强磁铁
- 两张小照片
- 胶带
- 尼龙线
- 两张白纸

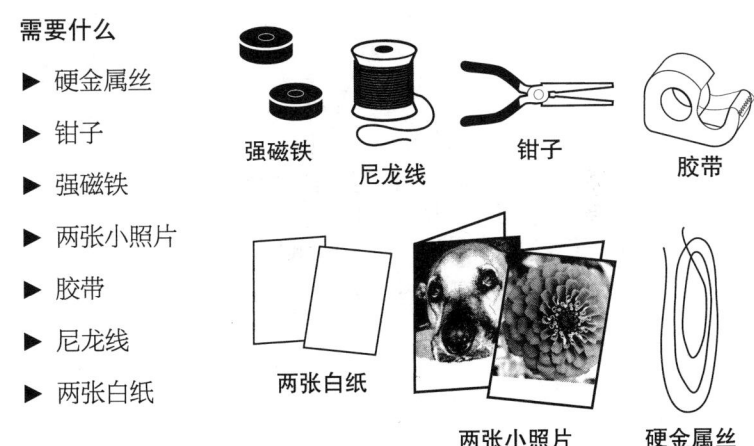

怎么做

首先,将一根40厘米长的硬金属丝弯曲成一个支架,用钳子将中心弯曲成90度角。支架的每个部分(包括两个垂直端和两个形成直角的中心部分)长度都为10厘米,如图4-43所示。

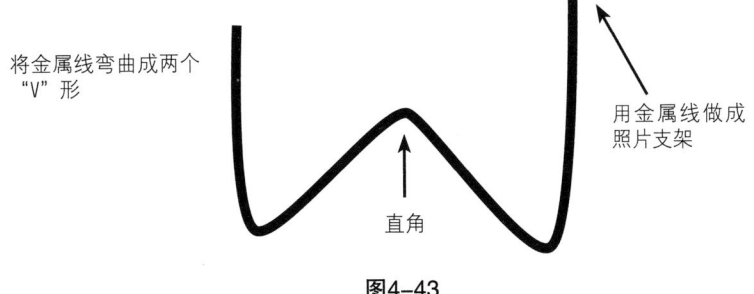

图4-43

并排放置两个小磁铁来确定磁铁的南北极,接下来检查磁铁和胶带的位置,之后就可以进入下一步了。

使用那种可以打印在硬纸板上的照片,然后将两张相同大小的白纸折叠放在照片的背面,把两个小磁铁放在褶皱的地方藏好。当两幅照片并排放置的时候它们会相互吸引,如图4-44所示。

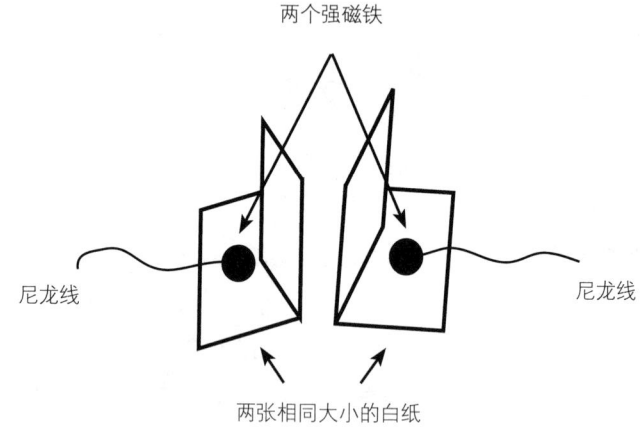

图4-44

注意:要确保磁铁相互吸引,如果不是就把其中一个翻转过来。另外,将磁铁粘好,然后将一根长线贴在照片的边上,如图4-45所示。

下一步,将照片粘在金属丝架的边上,并将它们悬挂在相同高度上。把线绕在支架上,直到照片足够接近并相互吸引。照片会在半空中悬浮,如图4-46所示。

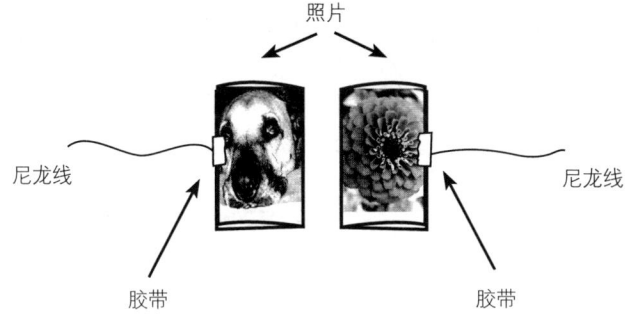

图4-45

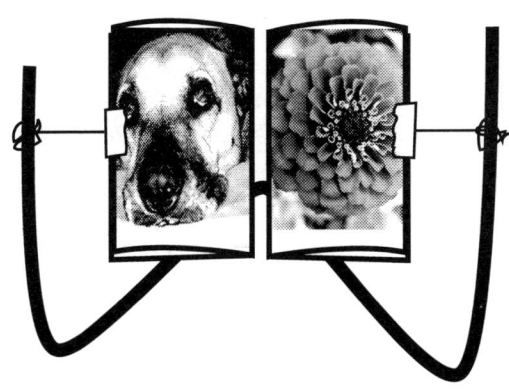

图4-46

奇妙的魔杖

每个魔法师都有一根魔杖。本实验将制作一根神奇的魔杖,你可以用它来激活盒式磁带、浮动照片或者开闭开关等。制作魔杖仅仅需要一些常用物品。

需要什么

- 两根大号吸管
- 胶带
- 两支铅笔
- 小块强磁铁
- 包装纸
- 剪刀

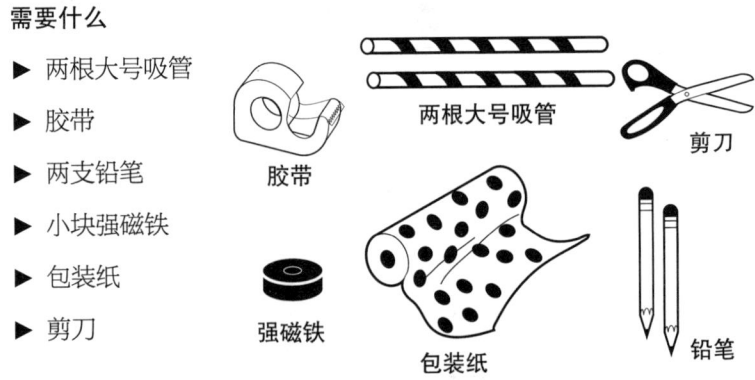

怎么做

把两根吸管连在一起。将两支铅笔,橡皮朝外,插入吸管的两端,如图4-47所示。把磁铁放在吸管的一端,并将吸管的两端都绑好,如图4-48所示。

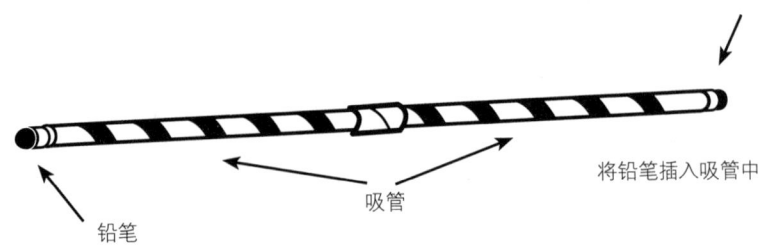

图4-47

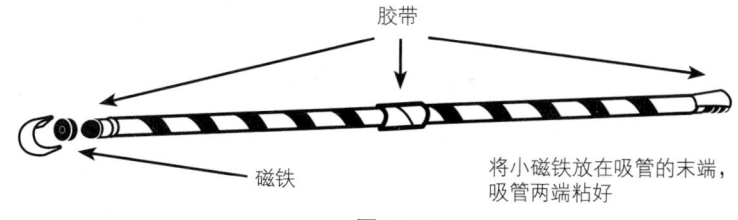

图4-48

把一小块包装纸粘在吸管的两端。然后剪一张和吸管一样长的包装纸,包在吸管上。如图4-49和图4-50所示,用胶带固定好。这样一个简单的魔杖就做好了。接下来我们可以准备一张照片,并在背后贴上小磁铁。小磁铁系着一根细绳,用胶带固定住它们。细绳的另一端用回形针固定住,并用胶带粘在平面上。一切准备就绪,我们可以激活设备,浮动照片了,如图4-51所示。

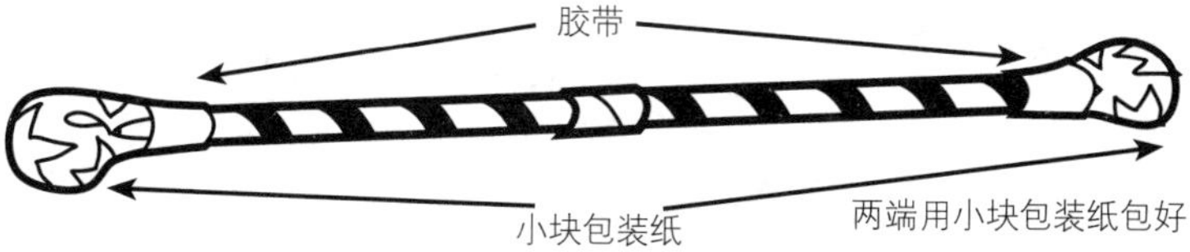

图4-49

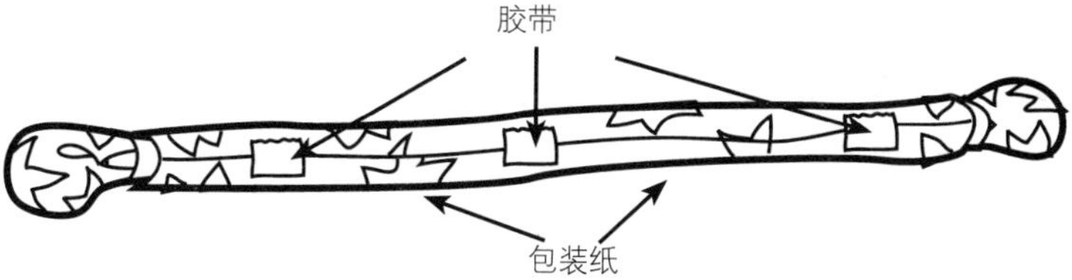

图4-50

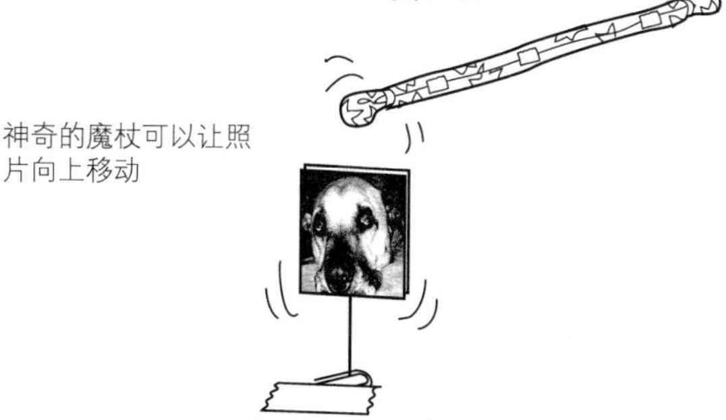

图4-51

奇妙的意念力

这可能是本书中最好的戏法了。你可以在桌子上放置一个小物品,比如一个盒子。你用一根手指指着它,它会向另一只手的方向移动,看起来就像是你在用意念力控制它一样。

需要什么

- ▶ 三个回形针
- ▶ 胶带
- ▶ 钳子
- ▶ 小块强磁铁
- ▶ 尼龙绳
- ▶ 剪刀
- ▶ 麦片盒
- ▶ 五号电池
- ▶ 铺上塑料桌布的桌子
- ▶ 小盒子

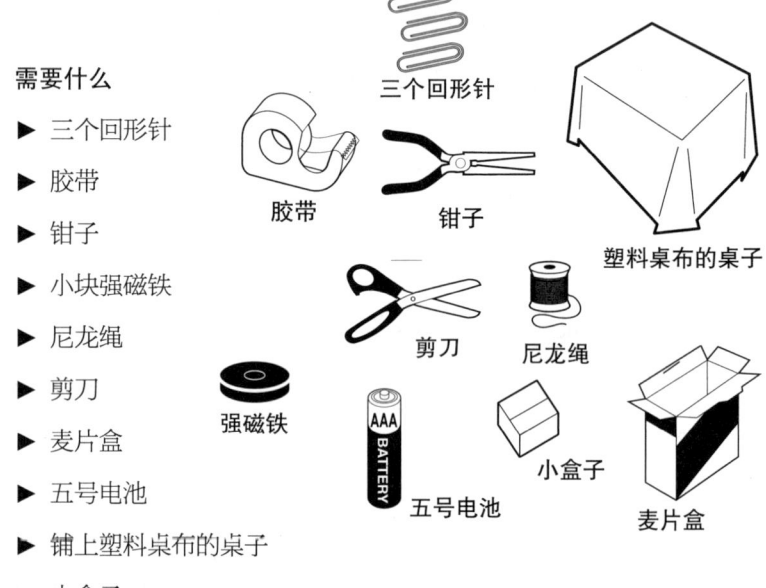

怎么做

在小盒子内部贴一个小回形针,如图4-52所示。将另一个回形针弯成半圆形,使它能包裹住小磁铁。用钳子将回形针两端弯曲成小孔形状,如图4-53和图4-54所示。将磁铁放入回形针中,并将尼龙绳系在孔眼上。

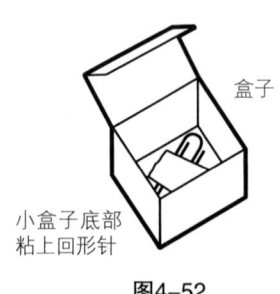

图4-52

第四章 奇妙的魔术技巧

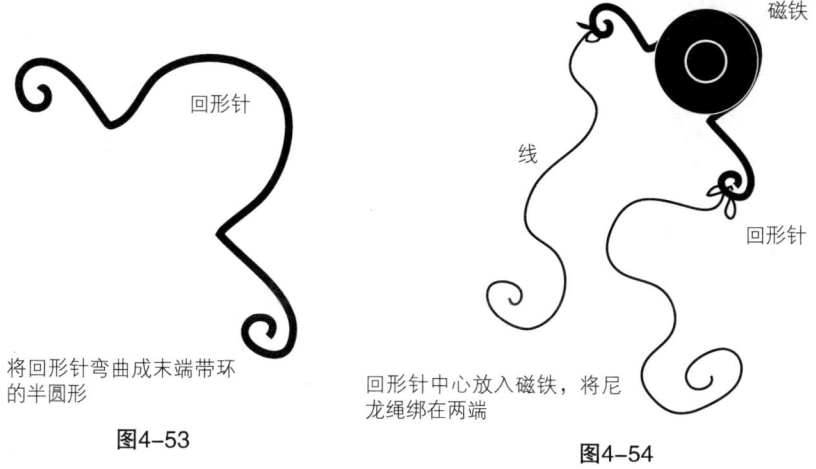

将回形针弯曲成末端带环的半圆形

图4-53

回形针中心放入磁铁,将尼龙绳绑在两端

图4-54

接下来,将麦片盒展开并剪掉顶部和底部的部分。将盒子对折展开,然后再沿着一些折痕对折,第一条折痕距离右侧1厘米,第二条折痕距离左侧5厘米,第三条折痕在第二条旁边。这些折痕可以作为磁铁和绳子的路径,在整个路径上粘上一条长胶带使它变得光滑,如图4-55至图4-59所示。

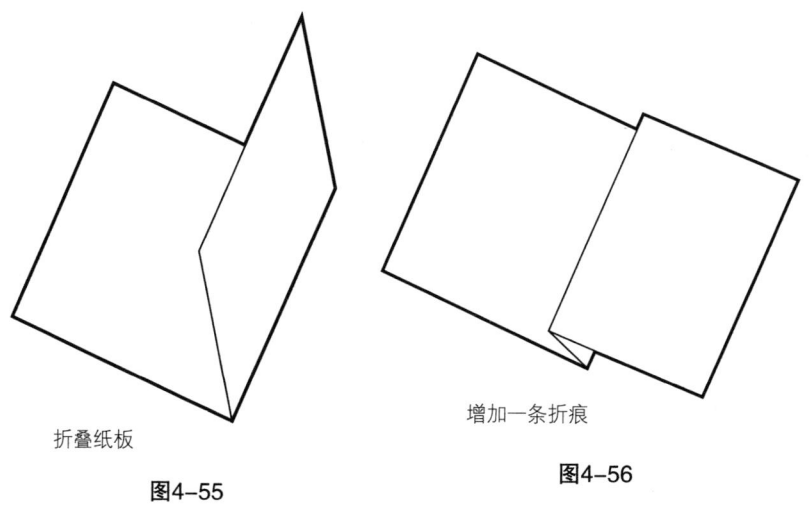

折叠纸板

图4-55

增加一条折痕

图4-56

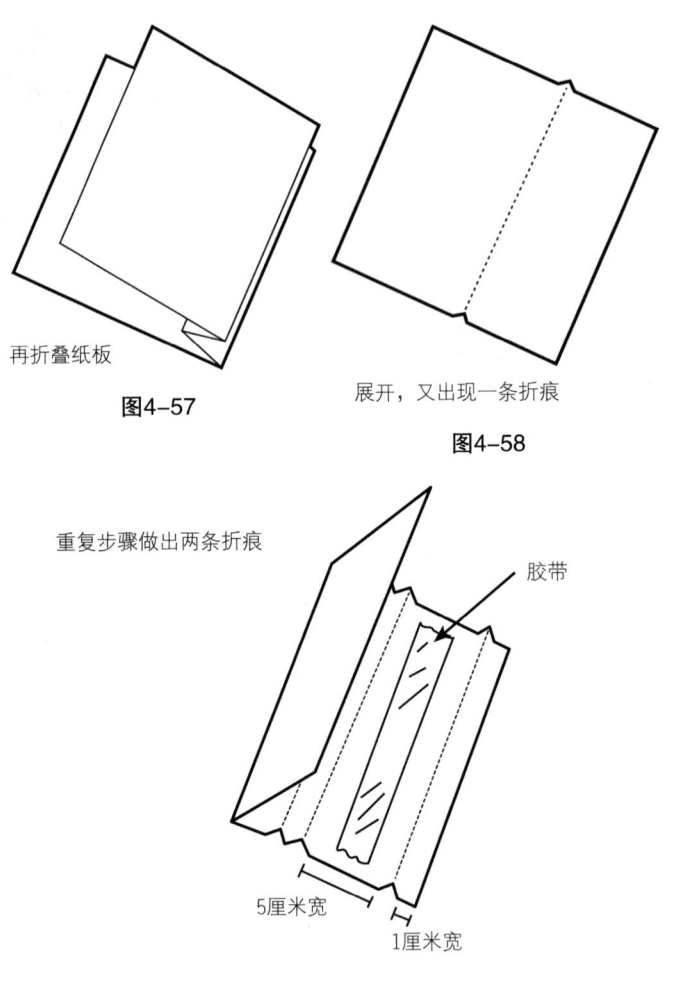

图4-57 再折叠纸板

图4-58 展开,又出现一条折痕

图4-59 重复步骤做出两条折痕 胶带 5厘米宽 1厘米宽

将磁铁及回形针固定在折痕1和2之间的5厘米宽的区域中。下面的线自然向下,上面的线绕到纸板外面再回到折痕2和3之间的通道,如图4-60所示。

接下来,将一根回形针系在左侧绳子上,右侧的绳子绑在五号电池上,如图4-61所示。

第四章　奇妙的魔术技巧

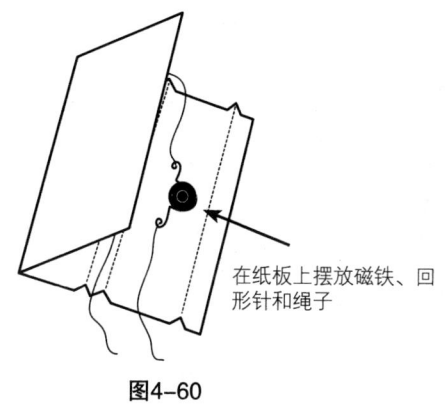

在纸板上摆放磁铁、回形针和绳子

图4-60

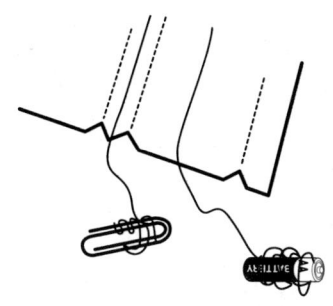

左侧绳子系在回形针上，右侧的绳子系在五号电池上

图4-61

将纸板从左向右对折，并将其粘贴在桌子右侧的角落。如果你向下拉电池，回形针应该向上滑动，反之亦然。我们可以通过这个动作来回移动磁铁。如果你将小盒子放在纸板上面，它也应该前后滑动，如图4-62所示。（根据需要，将绳子绕在电池上并用胶带固定住）一直下拉回形针，将电池拉到纸板的边缘。放下电池，回形针将向上滑动。

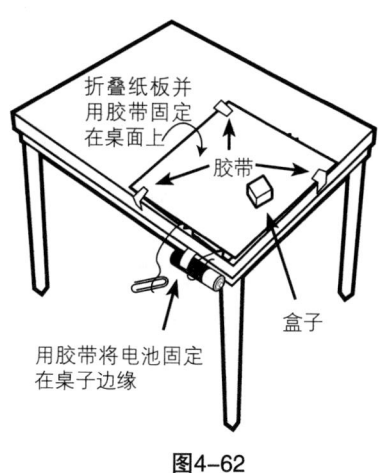

图4-62

把带有回形针的盒子放在桌布上，它就会"粘"在合适的位置上。再用胶带将电池固定在桌子边缘，如图4-63所示。

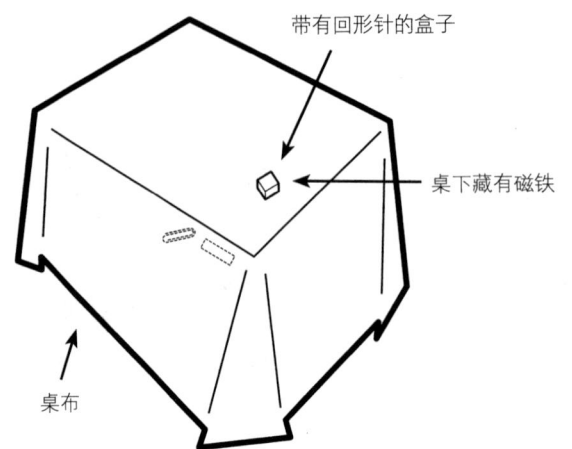

桌布盖在桌子上，盒子放在磁铁所在的位置

图4-63

现在开始展示用意念力移动物体。用左手指着盒子，右手放在桌子上，用你的右手大拇指偷偷地推动桌布下面的电池，如图4-64所示。

当你把右手移走的时候电池会下落，你可以通过调整压力对绳子来轻易地控制电池的下降，如图4-65所示。注意：如果盒子不跟随磁铁移动，那就将左侧的回形针粘在桌子上。

当电池掉下来的时候，它会把磁铁往前拉，然后盒子就跟着它移动。你可以用右手抓取这个盒子，然后用一个像魔术一样的动作将它捡起来，如图4-66所示。

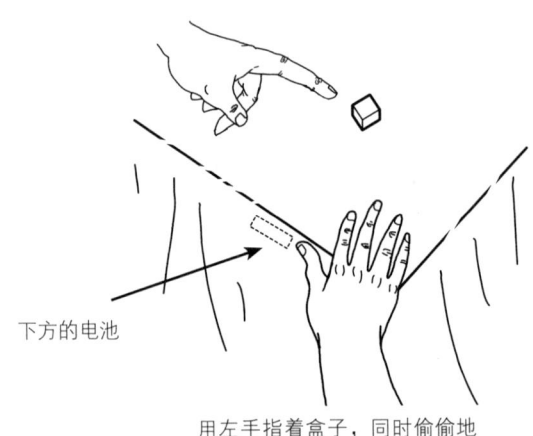

用左手指着盒子，同时偷偷地用右手在桌布下推电池

图4-64

第四章 奇妙的魔术技巧

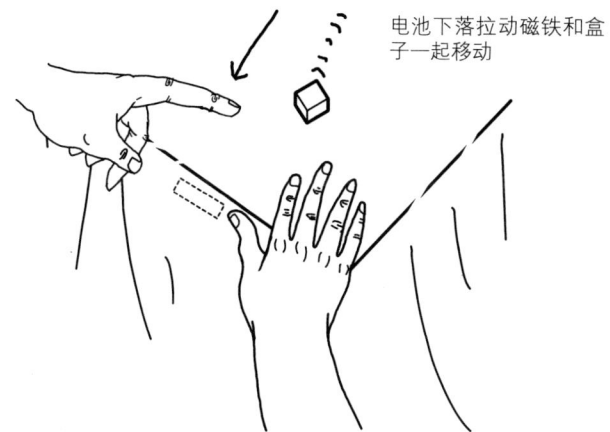

电池下落拉动磁铁和盒子一起移动

一旦松开，电池就会掉下来，把磁铁拉向桌子的边缘。盒子里的回形针跟随磁铁一起移动，盒子就神奇地滑向右手了

图4-65

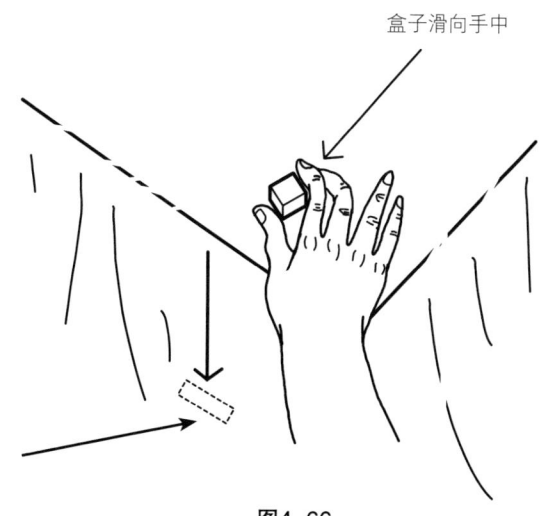

盒子滑向手中

当电池掉下来时，回形针在桌布下升起。每次做这个实验的时候都要重新拉动回形针和磁带电池(松散)到桌子的一侧

图4-66

笔记

第五章

奇妙的小知识

　　这些神奇的实验和科学知识不仅仅会惊呆你的朋友，还会让你对你周围的事物产生不一样的看法。你会更加关注自然，也会跟朋友分享有趣的图片，一起学习有趣的知识和技巧。

　　有一些小知识总是不被人了解。比如，一枚普通的硬币上可以承载多少滴水。再比如，法国著名的埃菲尔铁塔一年中的高度变化。

　　通过这一章的学习，你会了解到很多以前不知道或者忽略了的知识，它们有些是生活常识，有些是需要查阅资料才能知道。你知道什么动物曾经在法庭上出庭作证过吗？你知道怎样从一尊骑马士兵的雕像中判断士兵的死因吗？认真学习本章内容，你会有很多收获。

　　这些奇妙的小知识会让你和其他人对事物保持很大的好奇心和求知欲！

在硬币上滴水

一枚硬币上可以盛载40滴水。

一个水分子具有两个氢原子和一个氧原子,化学式为H_2O。水分子中的氢原子使它具有较强的凝聚性,这两个氢原子排列在分子的一侧,用来吸引附近其他水分子的氧原子。如果液体分子不相互凝聚,那么恒定的分子热运动会使液体立即沸腾并蒸发。

表面具有张力是液体的重要特性。如果玻璃杯装满了水,由于表面的张力,你可以在玻璃杯边缘再加一点水。水分子之间的氢键在水面上形成"皮肤",当你小心地将额外的水滴在硬币的表面,这些分子之间的氢键,使水形成一个点。所以水滴不是从水珠的边缘溢出,而是紧贴在一起并垂直的壮大,直到重力压迫导致水珠破碎,见图5-1。

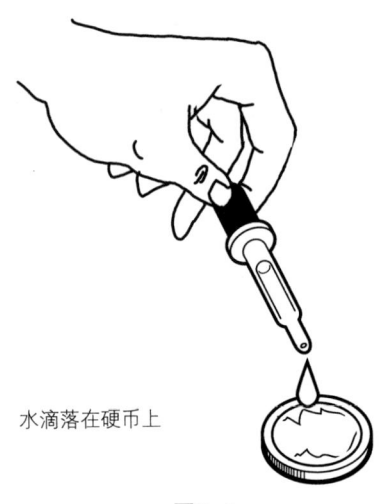

水滴落在硬币上

图5-1

埃菲尔铁塔的高度

埃菲尔铁塔一年中的高度变化高达15厘米。

铁塔的塔架由铁和金属制成,它会根据温度变化产生膨胀或收缩使塔架不受损害。因为所有物体都有热胀冷缩的特性,所以,在天热的时候,埃菲尔铁塔更高。这也是一些人行道和路面在极度炎热的夏季会发生崩塌的原因。因为膨胀的路面无处扩张,所以在压力下它只能断裂,(分离线放置在一些城市街道的人行道上,以便疏散热力而避免道路损坏)见图5-2。

埃菲尔铁塔

图5-2

人体测量

一个成年人手腕到肘部的距离通常与他的脚的长度相同。另外,你的大拇指的长度和鼻子的长度也是一样的,如图5-3和图5-4所示。

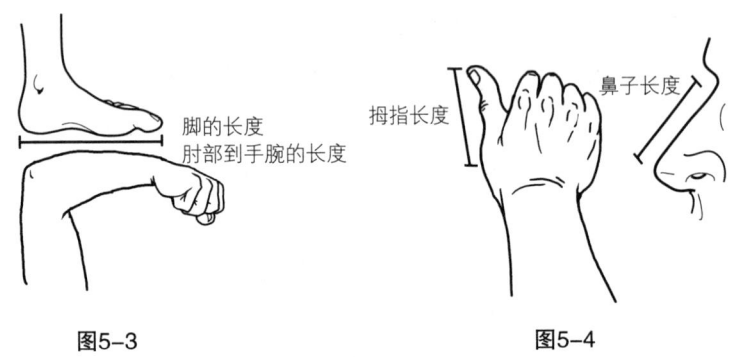

图5-3   图5-4

雕像

从一尊骑马士兵的雕像中可以看出他的死因。

如果这匹马的两条前腿都在空中,那么这个人是在战斗中死亡。如果这匹马只有一条前腿在空中,那么这个人是因战斗受伤而死亡;如果这匹马的四条腿都在地上,那么这个人死于自然原因,如图5-5所示。

图5-5

俄罗斯到美国的距离

俄罗斯和美国在白令海峡相距不到3.9千米,白令海和楚科奇海在白令海峡的两端相连。另外,阿拉斯加州的小代奥米德岛距离俄罗斯的大代奥米德岛有3.9千米(代奥米德群岛由两座岛屿组成,西边的岛称为大代奥米德岛,为俄罗斯联邦的领土;东边的岛称为小代奥米德岛,为美国的领土。)见图5-6。

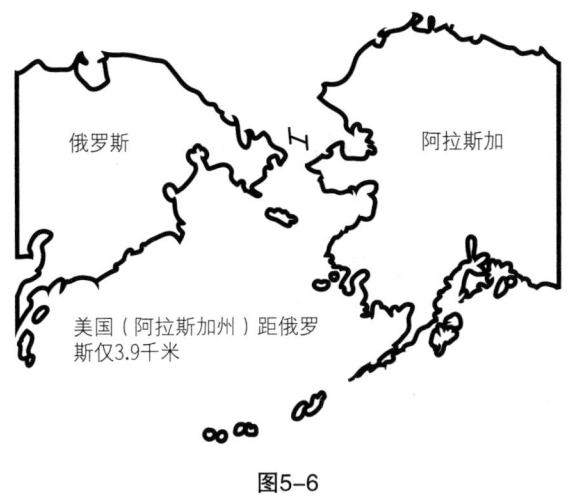

图5-6

阿拉斯加州

阿拉斯加州是美国最北端的州,但同时它也是最西端和最东端的州,造成这一现象是因为阿留申群岛的经度超过180度,处于国际上区分东西方的日期变更线上。(如果你想知道,我还可以告诉你夏威夷是美国最南端的州。)

阿拉斯加州也是美国最大的州，约有425个罗德岛的大小。阿拉斯加州的面积达到171.79万平方公里，如果你每天越过4 700平方公里土地，你将需要一年时间才能越过整个州。

这个州的规模很大，所以它有自己的时区：阿拉斯加标准时间（AST）。事实上，国际时间表必须有所调整，以便在同一天内保持所有州的统一！阿拉斯加标准时间比太平洋标准时间晚一个小时，见图5-7。

图5-7

不为人知的小知识

阿拉斯加州非常大，它可以同时容纳下面二十一个州：

阿肯色州	缅因州	宾夕法尼亚州
亚拉巴马州	马里兰州	罗德岛州
康涅狄格州	马萨诸塞州	南卡罗来纳州
特拉华州	密西西比州	田纳西州
夏威夷州	新罕布什尔州	佛蒙特州
印第安纳州	新泽西州	弗吉尼亚州
肯塔基州	俄亥俄州	西弗吉尼亚州
路易斯安那州		

波音747的翼展

波音747的翼展是64.4米,相当于莱特兄弟的第一架飞机尺寸(33.6米)的两倍,见图5-8。

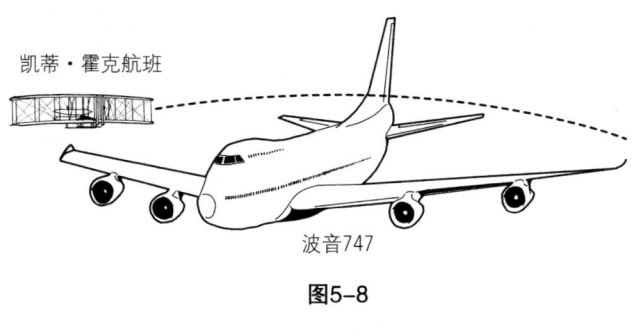

图5-8

竹子

竹子一天可以长一到两米长。

用植物学原理来解释,这是因为它独特的根茎系统——它是世界上生长最快的禾本植物,见图5-9。

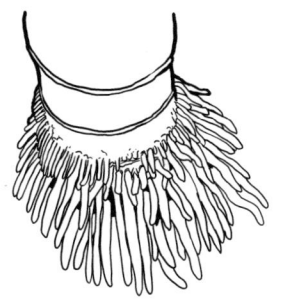

竹子一天可以长一到两米长

图5-9

日本西瓜

在日本，西瓜生长成方形，以节省堆叠时的空间。

正方形西瓜是在它们还在生长的时候，将它们嵌入立方体形状的玻璃容器中而形成的。方形西瓜更容易摆放，因此节省了冰箱空间。每个瓜的售价为10 000日元，约合610元人民币，几乎是普通中国西瓜价格的30多倍，见图5-10。

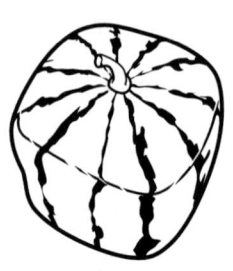

正方形西瓜

图5-10

寻血猎犬

寻血猎犬是唯一被允许在法庭上作证的动物。

寻血猎犬能用鼻子嗅出地形，主要是因为它鼻子中有一大块超灵敏的香味膜组合，这一组合使狗辨别气味的能力约比人类强一千倍。我们的嗅觉中心大约是邮票的大小，而狗的嗅觉中心大小和手帕一样。通过识别气味，猎犬能够找到气味的踪迹，而这些踪迹是由人的呼吸、汗液和皮肤等化学混合气味组成的。

一旦猎犬发现踪迹，即使受到许多其他气味的影响，它也不会转移注意力。只有当狗发现气味的源头或到达目的地时，它才会放松下来。它们的追踪能力是如此的强大，众所周知，猎狗能追踪一条超过210千米的踪迹！见图5-11。

出庭作证的寻血猎犬

图5-11

蚊子

蚊子造成的人类死亡案例比比皆是。

根据疾病控制和预防中心的数据,每年有超过一百万人死于蚊子传播的疾病。蚊子不仅自身携带侵扰人类的病菌,还能传播多种人类非常容易感染的疾病和寄生虫,见图5-12。

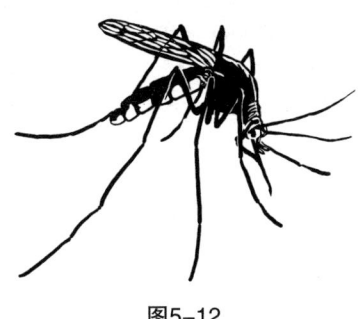

图5-12

角蜥蜴

为了吓跑敌人,角蜥蜴可以从眼睛喷出血液。

角蜥蜴有一种被称为眼窦的充血薄壁空间,位于眼窝内。当角蜥蜴增加这些眼窦内的血压时,会导致窦壁突然破裂,然后喷射出深红色的血液。有时,角蜥蜴眼睛喷射这种血液的力量非常强大,以至于它的喷射距离达到1.2米远。如果需要,这样的喷射可以重复多次,不过仅仅一次就足以吓跑任何捕食者。另外,角蜥蜴喷出的血液中含有一种化学物质,这种物质会对一些肉食动物产生额外的威慑作用,见图5-13。

角蜥蜴

图5-13

鲨鱼的胚胎

虎鲨的胚胎会在子宫里自相残杀,只有幸存者才能够出生。

沙虎鲨在一生中会产下多达25 000个豌豆大小的蛋。每一次会有15或20个卵从卵巢进入输卵管,它们在一个鳄梨形的卵壳内受精,之后鲨鱼胚胎开始发育。这些胚胎在很小的时候为了生存就要互相残杀,直到剩下最凶猛和最适合的一个。但是这些胚胎在搏杀的过程中不会饿死,因为不久之后就会有一个新的蛋从输卵管中流下来供它们食用。

经过长达一年的生长发育后，每个输卵管中的小鲨鱼长到1米左右，长度接近其母亲长度的一半，见图5-14。

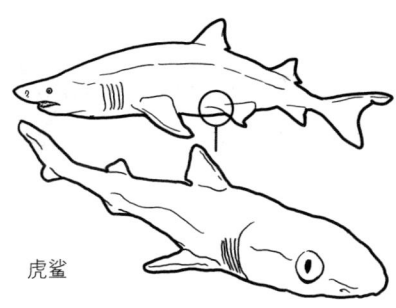

虎鲨

图5-14

蜂鸟

蜂鸟是唯一能向后飞的鸟。

蜂鸟的每个翅膀可以旋转一圈，使它成为唯一一种可以向前、向后、向上、向下或侧向飞行或悬停在空中的鸟。为了悬停，蜂鸟以重复的数字8的路线向前和向后移动其翅膀，这动作很像游泳者划水的手臂动作。

蜂鸟可以朝任何方向瞬间移动，以全速开始，但不一定需要减缓降落。它们甚至可以颠倒过来进行短距离飞行，这是它们在受到另一只鸟袭击时所采用的翻滚技巧，见图5-15。

蜂鸟是唯一能向后飞的鸟

图5-15

飞蛾

一只成年飞蛾的寿命只有一天。

成年飞蛾的寿命从三十分钟到一天不等,这取决于飞蛾的种类,见图5-16。

成年飞蛾的寿命是一天

图5-16

鸟类的磁感

有些鸟类的头上有磁性粒子,帮助它们确定方向

图5-17

许多鸟类、鱼类以及一些昆虫类动物的头部都携带着微小的、带有磁性颗粒的细菌,就像指南针一样。

在研究池塘和沼泽地中的细菌时,萨尔瓦多·贝里尼发现了一些类似棒状的细菌,它们一起游向一个方向——北方。更多的研究表明,每种小细菌里面有一串致密的粒子。这些粒子被证明是磁铁矿——一种氧化铁的磁性形式。

这些细菌已经把自己变成了小磁铁,可以与地球的大磁铁结合在一起。更重要的是,一个活的生物,甚至一个简单的小细菌,都能制造磁铁矿。这一发现引起了人们去研究探寻动物是否会有这种病毒的兴趣,见图5-17。

参考资料

世界主要城市纬度表

度/分	城市	国家
北纬64度4分	雷克雅未克	冰岛
北纬60度10分	赫尔辛基	芬兰
北纬59度57分	奥斯陆	挪威
北纬59度56分	圣彼得堡	俄罗斯
北纬59度17分	斯德哥尔摩	瑞典
北纬57度9分	阿伯丁郡	苏格兰
北纬55度55分	爱丁堡	苏格兰
北纬55度45分	莫斯科	俄罗斯
北纬55度40分	哥本哈根	丹麦
北纬54度58分	纽卡素	英格兰
北纬54度37分	贝尔法斯特	北爱尔兰
北纬53度33分	汉堡	德国
北纬53度20分	都柏林	爱尔兰
北纬52度30分	柏林	德国
北纬52度25分	伯明翰	英格兰
北纬53度22分	阿姆斯特丹	荷兰
北纬52度14分	华沙	波兰
北纬51度32分	伦敦	英格兰
北纬50度52分	布鲁塞尔	比利时
北纬50度5分	布拉格	捷克
北纬48度48分	巴黎	法国

北纬48度14分	维也纳	奥地利
北纬47度30分	布达佩斯	匈牙利
北纬47度21分	苏黎世	瑞士
北纬45度26分	威尼斯	意大利
北纬45分30分	蒙特利尔	加拿大
北纬44分52分	贝尔格莱德	塞尔维亚
北纬44度25分	布加勒斯特	罗马尼亚
北纬43度40度	多伦多	加拿大
北纬42度40分	索菲亚	保加利亚
北纬41度54分	罗马	意大利
北纬41度23分	巴塞罗那	西班牙
北纬40度26分	马德里	西班牙
北纬40度47分	纽约	美国
北纬39度55分	安卡拉	土耳其
北纬39度26分	北京	中国
北纬38度44分	里斯本	葡萄牙
北纬38度53分	华盛顿	美国
北纬37度58分	雅典	希腊
北纬36度50分	阿尔及尔	阿尔及利亚
北纬35度45分	德黑兰	伊朗
北纬35度40分	东京	日本
北纬34度3分	洛杉矶	美国
北纬32度57分	的黎波里	利比亚
北纬31度10分	上海	中国
北纬30度2分	开罗	埃及

北纬23度8分	哈瓦那	古巴
北纬22度34分	加尔各答	印度
北纬21度29分	麦加	沙特阿拉伯
北纬19度26分	墨西哥城	墨西哥
北纬19分0分	孟买	印度
北纬17分59分	金斯顿	牙买加
北纬14度40分	达喀尔	塞内加尔
北纬14度35分	马尼拉	菲律宾
北纬13度45分	曼谷	泰国
北纬10度28分	加拉加斯	委内瑞拉
北纬8度58分	巴拿马城	巴拿马
北纬4度32分	波哥大	哥伦比亚
北纬1度14分	新加坡	新加坡
0度	赤道	
南纬2度10分	瓜亚基尔	厄瓜多尔
南纬4度18分	金沙萨	刚果
南纬6度16分	雅加达	印度尼西亚
南纬9度25分	莫尔兹比	巴布亚新几内亚
南纬12度56分	塞尔瓦多	巴西
南纬16度27分	拉巴斯	玻利维亚
南纬18度50分	安塔那那利佛	马达加斯加
南纬20度10分	伊基克	智利
南纬22度57分	里约热内卢	巴西
南纬23度31分	圣保罗	巴西
南纬26度12分	约翰内斯堡	南非

南纬27度29分	布里斯班	澳大利亚
南纬31度57分	佩斯	澳大利亚
南纬33度28分	圣地亚哥	智利
南纬33度55分	开普敦	南非
南纬34度0分	悉尼	澳大利亚
南纬34度35分	布宜诺斯艾利斯	阿根廷
南纬34度53分	蒙得维的亚	乌拉圭
南纬34度55分	阿德莱德	澳大利亚
南纬36度52分	奥克兰	新西兰
南纬37度47分	墨尔本	澳大利亚
南纬41度17分	惠灵顿	新西兰
南纬42度52分	霍巴特	澳大利亚

美国主要城市纬度表

城市	纬度	经度	时间
	（度/分/秒）		

（例如：伊利诺伊州芝加哥 41°50′ 北纬 87°37′ 西经 上午11：00
注意，下面所有的城市都是北纬和西经，因为他们都在美国）

城市	纬度	经度	时间
安克雷奇，阿拉斯加	北纬61°13′	西经149°54′	上午8：00
佐治亚州亚特兰大	北纬33°45′	西经84°23′	正午12：00
马里兰州巴尔的摩	北纬39°18′	西经76°38′	正午12：00
爱达荷州博伊西	北纬43°36′	西经116°13′	上午10：00
马萨诸塞州波士顿	北纬42°21′	西经71°5′	正午12：00
纽约法罗	北纬42°55′	西经78°50′	正午12：00
伊利诺伊州芝加哥	北纬41°50′	西经87°37′	上午11：00
俄亥俄州辛辛那提	北纬39°8′	西经84°30′	正午12：00
德克萨斯州达拉斯	北纬32°46′	西经96°46′	上午11：00
克罗州丹佛	北纬39°45′	西经105°0′	上午10：00
北达科他州法戈	北纬46°52′	西经96°48′	上午11：00
夏威夷檀香山	北纬21°18′	西经157°50′	上午7：00
密苏里在堪萨斯城	北纬39°6′	西经94°35′	上午11：00
内华达州拉斯维加斯	北纬36°10′	西经115°12′	上午9：00
加利福尼亚州洛杉矶	北纬34°3′	西经118°15′	上午9：00

田纳西在孟菲斯	北纬35° 9′	西经90° 3′	上午11：00
佛罗里达州迈阿密	北纬25° 46′	西经80° 12′	正午12：00
威廉康星州密尔沃基	北纬43° 2′	西经87° 55′	上午11：00
明尼苏达州明尼阿波利斯	北纬44° 59′	西经93° 14′	上午11：00
路易斯安那州新奥尔良	北纬29° 57′	西经90° 4′	上午11：00
纽约	北纬40° 47′	西经73° 58′	正午12：00
宾夕法尼亚州费城	北纬39° 57′	西经75° 10′	正午12：00
宾夕法尼亚州匹兹堡	北纬40° 27′	西经79° 57′	正午12：00
密苏里州圣路易斯	北纬38° 35′	西经90° 12′	上午11：00
犹他州盐湖城	北纬40° 46分	西经111° 54′	上午10：00
加利福尼亚州旧金山	北纬37° 47′	西经122° 26′	上午9：00
华盛顿特区	北纬38° 53′	西经77° 2′	正午12：00
加拿大曼尼托巴省温尼伯	北纬49° 54′	西经97° 7′	上午11：00

笔记

笔记

笔记

致 谢

我要感谢我的经纪人雪莉·拜科夫斯基（Sheree Bykofsky）和珍妮特·罗森（Janet Rosen），感谢她们自始至终对我创作这本书的支持。还要特别感谢我的编辑安德鲁斯·麦克梅尔（Andrews McMeel），感谢她的宝贵的支持。

我也要感谢以下帮助宣传我之前的五本"奇妙"书籍的人：艾拉·弗莱托（Ira Flatow），盖尔·安德森（Gayle Anderson），苏珊·凯西（Susan Casey），马克·弗劳恩菲尔德（Mark Frauenfelder），桑迪·科恩（Sandy Cohen），凯特·施瓦茨（Katey Schwartz），切丽·库尔塔德（Cherie Courtade），迈克·苏安（Mike Suan），约翰·萨泽尔（John Schatzel），梅丽莎·格温（Melissa Gwynne），史蒂夫·科克伦（Steve Cochran），克里斯托弗·G.塞尔弗里奇（Christopher G. Selfridge），蒂莫西·M.博兰格（Timothy M. Blangger），查尔斯·伯奎斯特（Charles Bergquist），菲利浦·M.托伦（Phillip M. Torrone），保罗（Paul）和赞·杜宾·斯科特（Zan Dubin Scott），达娜·温克（Dana Vinke），辛西娅·汉森（Cynthia Hansen），查尔斯·鲍威尔（Charles Powell），哈蒙尼·唐格南（Harmonie Tangonan），布鲁斯·帕萨罗（Bruce Pasarow）。

我还要感谢西比尔·史密斯（Sybil Smith），艾萨克·英格丽诗

(Isaac English)和比尔·梅尔泽(Bill Melzer)提供的实验评估和测试帮助。特别感谢海伦·库珀(Helen Cooper),克莱德·特莫尼(Clyde Tymony),乔治(George),左拉·莱特(Zola Wright),罗纳德·米切尔(Ronald Mitchell)。最后我要感谢我的母亲——克洛伊斯·肖(Cloise Shaw),她为我的早期的科学基础和对阅读的热爱提供了大量的资源和支持。

免 责 声 明

本书是为启发读者和消遣时间而编写的。尽管我们对本书的准确性给予了一定的关注,但出版商和作者对其内容中出现的错误或遗漏不负任何责任。我们也不承担因使用这本书而造成的任何损失的赔偿责任。

本书包含了一些必须严格遵守的电气安全的参考资料。比如,不要将磁铁放置或存储在诸如录像带、录音带或计算机磁盘等磁敏介质附近。

实际上,材料选择和方法的设计因为组合的方式不同可能会导致结果与书中所示不同。出版商和作者拒绝承担因使用本书所载恰当或不恰当信息而造成的任何损害赔偿责任。我们不保证这里包含的信息是完整的、安全的或准确的,也不认为书中的信息是你良好判断能力和常识的替代品。

本书中的任何内容不得被解释或理解为侵犯他人或者触犯刑法的借口。我们希望你遵守所有法律,尊重他人的包括财产权在内的所有权利。